初中语文阅读教学创新研究

李志红 著

北方文艺出版社

图书在版编目（CIP）数据

初中语文阅读教学创新研究/李志红著. --哈尔滨:北方文艺出版社,2024.7. --ISBN978-7-5317-6327-7

Ⅰ. G633.332

中国国家版本馆CIP数据核字第2024RN0797号

初中语文阅读教学创新研究

CHUZHONG YUWEN YUEDU JIAOXUE CHUANGXIN YANJIU

作　　者 / 李志红

责任编辑 / 白天佑

封面设计 / 高桂平

出版发行 / 北方文艺出版社

邮　　编 / 150008

发行电话 / (0451) 86825533

经　　销 / 新华书店

地　　址 / 哈尔滨市南岗区宣庆小区1号楼

网　　址 / www.bfwy.com

印　　刷 / 廊坊市瀚源印刷有限公司

开　　本 / 710mm × 1000mm　1/16

字　　数 / 210千

印　　张 / 13

版　　次 / 2025年3月第1版

印　　次 / 2025年3月第1次印刷

书　　号 / ISBN 978-7-5317-6327-7

定　　价 / 65.00元

前　言

《初中语文阅读教学创新研究》是一本全面、深入探讨初中语文阅读教学的书籍，涵盖了从教学理念、教学方法、教学内容到评估反馈等各个方面。本书以初中语文阅读教学的创新为研究重点，旨在为教育工作者提供一套切实可行的、具有操作性的教学策略和方法。

第一章主要介绍了初中语文阅读教学的定义和重要性，以及当前阅读教学面临的问题和挑战。在此基础上，我们分析了阅读教学的重要性，并探讨了如何通过创新教学理念和方法来解决这些问题。

第二章分析了当前初中语文阅读教学的现状，指出了存在的问题，并深入分析了问题产生的原因。这些问题的存在不仅影响了阅读教学的质量，也影响了学生阅读能力的培养和提高。

第三章主要介绍了新课标下的初中语文阅读教学理念创新，强调了个性化阅读教学和多元智能教学理念在阅读教学中的应用和意义。

第四章介绍了初中语文阅读教学方法的创新，包括情境教学法、合作学习法和翻转课堂教学法等。这些教学方法的应用不仅可以激发学生的学习兴趣，还可以提高他们的阅读能力和技巧。

第五章主要探讨了初中语文阅读教学内容的创新，包括经典与现代的结合、跨学科阅读内容的整合，以及阅读材料的选择与改编等。这些内容创新可以帮助学生拓宽视野，提高阅读素养，同时也符合时代发展的需求。

第六章关注了教师角色创新，从引导者和促进者、合作者和学习者两个角度分析了教师角色的变化，并探讨了教师专业发展与创新阅读教学之间的关系。

第七章着重讨论了学生阅读能力培养的创新，包括阅读兴趣的培养、阅读技巧的掌握和实践，以及评价与反思能力的培养等。这些能力的培养将有助于提高学生的阅读能力和综合素质。

第八章介绍了初中语文阅读教学模式的创新，包括主题式阅读教学、比较式阅读教学和项目式阅读教学等。这些教学模式的应用可以帮助学生更好地理解和掌握阅读材料，提高他们的阅读能力和综合素质。

第九章探讨了初中语文阅读教学评估与反馈的创新，包括评估体系的构建、学生个体差异评估与反馈以及教师教学质量评估与反馈机制的建立等。这些评估与反馈机制的应用将有助于提高阅读教学的质量和效果。

第十章则关注了家校合作下的初中语文阅读教学创新，分析了家校合作的意义和价值，并探讨了如何在家校合作下开展有效的阅读教学。同时，也分析了家校合作下的教师角色变化和挑战。

本书旨在为教育工作者提供一套切实可行的、具有操作性的教学策略和方法，帮助他们在教学中更好地培养学生的阅读能力，提高教学质量。

目　录

第一章　初中语文阅读教学概述

第一节　初中语文阅读教学的定义和重要性

一、初中语文阅读教学的定义

初中语文阅读教学是初中语文教学的重要组成部分，它是指教师通过引导学生理解文章内容、鉴赏文学作品、发展思维能力、获得审美体验的过程。在初中语文阅读教学中，学生通过阅读不同类型的文章，如小说、散文、诗歌、议论文等，能够提高自己的语言表达能力、思维能力、审美能力和文化素养。

二、初中语文阅读教学的重要性

（一）提高语文素养

初中语文阅读教学是提高学生语文素养的重要途径。通过阅读，学生能够积累词汇、学习语法、了解不同的语言表达方式，从而提高自己的语言表达能力。同时，阅读还能够培养学生的思维能力、审美能力和文化素养，为学生的全面发展打下坚实的基础。因此，初中语文阅读教学应该注重培养学生的阅读兴趣和阅读能力，引导学生养成良好的阅读习惯，让学生通过阅读不断提高自己的语文素养。

（二）培养阅读习惯

初中是学生养成良好阅读习惯的关键时期。通过初中语文阅读教学，学生能够逐渐养成阅读的习惯，学会如何选择适合自己的读物，如何进行有效阅读，如何进行深度思考等。这些习惯的养成将对学生的终身学习产生积极的影响。因此，教师应该注重培养学生的阅读兴趣和阅读能力，引导学生养成良好的阅读习惯，让学生通过阅读不断提高自己的阅读能力和综合素质。

（三）拓宽知识视野

阅读能够帮助学生拓展知识视野，了解不同的文化、历史、科学、社会等方面的知识。通过阅读，学生能够接触到不同类型的人物、事件、观点等，从而丰富自己的知识储备，提高自己的综合素质。因此，初中语文阅读教学应该注重培养学生的阅读兴趣和阅读能力，让学生通过阅读不断拓宽自己的知识视野，提高自己的综合素质。

（四）提高考试成绩

初中语文阅读在中考中占有相当大的比重，因此，初中语文阅读教学对于提高学生的考试成绩具有重要意义。通过系统的教学和训练，学生能够掌握阅读技巧、提高阅读速度、提高理解能力，从而在考试中取得更好的成绩。同时，教师还应该注重培养学生的应试技巧和心理素质，让学生能够更好地应对考试，取得更好的成绩。

第二节　初中语文阅读教学的特点

初中语文阅读教学在初中教育中具有重要地位，它不仅是学生获取知识的重要途径，也是培养学生语言表达能力、思维能力、审美能力等综合能力的重要手段。初中语文阅读教学的特点主要包括以下几个方面。

一、教学内容的丰富性

初中语文阅读教学内容涉及广泛，包括文学作品、科普文章、新闻报道、广告语等，旨在帮助学生拓宽视野，增长知识。这种丰富性体现在以下几个方面。

（一）文学作品的多样性

文学作品的多样性是初中语文阅读教学中的重要组成部分。从古诗词到现代小说，从小说到散文，从诗歌到戏剧等，这些不同类型的文学作品可以帮助学生更好地理解和欣赏文学艺术的多样性和美。通过阅读不同类型的文学作品，学生可以了解到不同的文学风格和表达方式，从而培养自己的文学素养和审美能力。例如，古诗词中的韵律和节奏可以帮助学生了解诗歌的美学特点；现代小说中的情节和人物形象可以帮助学生了解叙事文学的特点；散文中的语言和情感表达可以帮助学生了解文学语言的多样性和表达方式的丰富性；而戏剧中的舞台表演和情节冲突则可以帮助学生了解文学艺术的表演性和观赏性。

（二）科普文章的引入

除了传统的文学作品，初中语文阅读教学内容中也包含了大量的科普文章。这些文章通常涉及科学知识、科技发展、环境保护等话题，旨在帮助学生拓宽科学视野，培养科学思维，提高科学素养。科普文章通常具有通俗易懂的语言和生动有趣的叙述方式，可以帮助学生更好地理解和接受科学知识。通过阅读科普文章，学生不仅可以了解到科学知识，还可以培养自己的科学思维和批判性思维，从而更好地适应未来的社会和科技发展。

（三）新闻报道和广告语的融入

除了文学作品和科普文章，初中语文阅读教学内容中还涉及一些新闻报道和广告语。这些内容不仅可以帮助学生了解社会动态，还可以培养他们的语言表达和沟通能力。新闻报道通常涉及社会热点问题和公共事件，通过阅读新闻报道，学生可以了解到社会问题的多样性和复杂性，培养自己的批判性思维和社会责任感。广告语则通常具有创意和情感表达的特点，通过阅读广告语，学生可以提高自己的语言表达能力和沟通能力，增强自己的语言表现力和感染力。

二、阅读方式的多样性

随着科技的不断发展，初中语文阅读教学的形式也变得越来越多样化。传统的纸质阅读方式仍然占据着重要的地位，但电子阅读、网络阅读等现代阅读方式也逐渐成为学生们的阅读新选择。这些多样化的阅读方式不仅可以满足不同学生的阅读需求，而且还能让学生在轻松愉悦的氛围中享受阅读的乐趣。

电子阅读已经成为一种非常流行的阅读方式。电子书、电子杂志、电子报纸等电子阅读资源层出不穷，而且随着技术的发展，电子阅读设备的性能也在不断提高。学生可以通过电子设备轻松地阅读各种类型的书籍，不受时间和空间的限制，随时随地享受阅读的乐趣。同时，电子阅读设备还具有便携性、易携带等特点，非常适合学生随时随地阅读。

网络阅读也是一种非常受欢迎的阅读方式。网络上的各种在线阅读平台、电子书库、网络小说平台等都为学生提供了丰富的阅读资源。学生可以通过网络阅读平台选择自己喜欢的书籍，还可以与其他读者进行互动交流，分享自己的阅读心得和体会。网络阅读还具有信息量大、更新快等特点，可以让学生及时了解最新的文学动态和作品。

除了传统的纸质阅读和电子阅读、网络阅读，教师还会根据不同的阅读材料，指导学生选择合适的阅读方式。例如，对于一些经典文学作品，教师可以引导学生通过纸质阅读的方式进行深入的研读和思考；而对于一些新闻时事类的文章，教师则可以指导学生通过网络阅读的方式了解最新的社会动态和新闻信息。

多样化的阅读方式不仅可以让初中语文阅读教学更加丰富多样，而且还能满足不同学生的个性化需求。学生在轻松愉悦的氛围中享受阅读的乐趣，有利于提高他们的阅读兴趣和阅读能力。同时，教师根据不同的阅读材料指导学生选择合适的阅读方式，也可以更好地帮助学生理解不同的文学体裁和作品特点，从而提高学生的文学素养和综合素质。

当然，在多样化的阅读方式下，我们也需要注意一些问题。首先，要保证学生的身心健康，避免长时间使用电子设备和网络，注意用眼卫生和身体健康。其次，要注重阅读的品质和内容，选择适合自己的阅读材料和方式，避免盲目追求数量和速度而忽略了阅读的品质和内涵。最后，要注重与他人的交流和互动，通过与其他读者的交流分享自己的阅读心得和体会，增强自己的阅读体验和文学素养。

三、强调学生的主体性

在初中语文阅读教学中，强调学生的主体性是非常重要的。这种教学方式有助于激发学生的兴趣和积极性，提高他们的学习效果。

（一）引导学生自主阅读

让学生自主阅读是强调学生主体性的基础。教师应该给予学生足够的时间和空间，让他们充分阅读课文，通过反复朗读、默读等方式，深入理解课文的内容和情感。在这个过程中，教师可以通过提出问题、引导学生思考等方式，帮助学生理解课文的主题和情感，并激发他们的阅读兴趣。同时，教师还应该注重培养学生的阅读习惯和方法，例如，如何快速浏览、如何捕捉关键信息等，帮助他们更好地理解课文。

（二）鼓励学生思考

思考是强调学生主体性的重要环节。教师应该鼓励学生自主思考，勇于表达自己的观点和感受。在阅读过程中，教师可以通过引导他们思考课文的主题、情感、写作手法等方面的问题，激发他们的思维活动。同时，教师还应该给予学生适当的引导和启发，帮助他们解决困惑和难题，从而加深对课文的理解和认识。在这个过程中，教师还应该注重培养学生的批判性思维，鼓励他们勇于质疑、勇于挑战，培养他们的创新精神和探索精神。

（三）培养学生的表达能力

表达是强调学生主体性的重要手段。除了口头表达，书面表达也是表达的重要方式之一。教师应该鼓励学生通过口头表达、书面表达等方式，展示自己的思考成果。在课堂教学中，教师可以组织学生进行小组讨论、角色扮演、演讲等活动，帮助他们提高口头表达能力。同时，教师还应该注重培养学生的书面表达能力，例如如何写作文、如何写总结等。在培养学生表达能力的过程中，教师还应该给予学生适当的指导和帮助，帮助他们提高表达的准确性和流畅性。此外，教师还可以鼓励学生参加写作比赛、发表文章等方式，进一步锻炼他们的表达能力。

（四）尊重学生的个性差异

每个学生都是独一无二的个体，拥有自己的个性和兴趣爱好。作为教师，我们应该尊重学生的差异，并尝试理解他们的独特性。通过了解每个学生的兴趣和强项，我们可以更好地制定适合他们的教学策略，提供个性化的学习体验。尊重学生的差异并不意味着我们要忽视他们的弱点和需要改进的地方。相反，我们应该鼓励他们发展自己的优点，同时帮助他们克服弱点。通过因材施教，我们可以确保每个学生都能在适合自己的环境中取得进步。

（五）注重学生的情感体验

情感体验是阅读过程中的重要组成部分。作为教师，我们应该注重学生的情感体验，并尝试通过各种方式激发他们的情感共鸣。我们可以通过引导学生进行情感朗读、角色扮演、讨论和分享等方式，帮助他们深入理解课文的情感和主题。同时，我们也要注意引导学生表达自己的情感和感受。通过鼓励他们分享自己的想法和感受，我们可以更好地了解他们的内心世界，并给予适当的反馈和支持。

（六）给予学生充分的支持和鼓励

学生在学习过程中可能会遇到各种困难和挫折。作为教师，我们应该给予他们充分的支持和鼓励，帮助他们克服困难，增强自信心和成就感。我们可以提供适当的学习资源、制订个性化的学习计划、给予积极的反馈和建议，以及鼓励他们参与团队合作和挑战性任务。通过给予学生积极的支持和鼓励，我们可以激发他们的学习兴趣和动力，增强他们的自信心和自尊心，从而促进他们的学习进步。

（七）引导学生在阅读中培养情感认知能力和审美意识

初中语文阅读教学注重培养学生的情感认知能力和审美意识。作为教师，我们应该选择一些具有情感内涵的文学作品，引导学生深入理解文本中所表达的情感，从而培养他们的情感素养和审美意识。我们可以通过讲解作者背景、分析文本结构、探讨主题和情感表达等方式，帮助学生更好地理解文学作品中的情感内涵。同时，我们也可以通过组织阅读分享、讨论和写作等活动，鼓励学生表达自己的感受和看法，培养他们的审美意识和表达能力。

第三节　初中语文阅读教学的理论基础

一、语言学理论

（一）语言学理论在初中语文阅读教学中的重要性

在初中语文阅读教学中，语言学理论是非常重要的基础。语言学理论强调对语言的理解和运用，包括语音、词汇、语法、修辞等方面的知识。这些知识不仅能够帮助学生们更好地理解文章内容，还能够提高他们的语言表达能力和写作水平。

语言学理论能够帮助学生更好地理解文章内容。在初中语文阅读教学中，学生们需要掌握一定的语言基础知识，如语音、词汇、语法等，才能更好地理解文章的含义和情感。通过学习语言学理论，学生们可以更好地掌握语言的规律和特点，从而更好地理解文章中的语言运用和表达方式。

语言学理论能够提高学生的语言表达能力和写作水平。通过学习语言学理论，学生们可以更好地掌握语言的运用技巧和方法，从而提高自己的语言表达能力和写作水平。在语言表达方面，学生们可以更加准确地表达自己的思想和情感，从而增强与他人的交流和沟通效果。在写作方面，学生们可以更加规范地运用语言，从而提高写作水平。

（二）通过语言学理论学习更好地理解和运用语言

通过语言学理论的学习，学生们可以更好地掌握语言的规律和特点，从而更好地理解和运用语言。以下是一些建议。

1.掌握语音知识

语音是语言的基础，掌握正确的发音和语调能够更好地理解和运用语言。学生们应该认真学习普通话语音知识，并注重口语训练和朗读练习。

2.扩大词汇量

词汇是构成语言的基本元素之一，掌握足够的词汇量能够更好地理解和运用语言。学生们可以通过阅读、听力等多种方式扩大词汇量。

3.学习语法规则

语法是语言的组织规律，掌握语法规则能够更好地理解和运用句子的构。学生们应该认真学习语法知识，并注重句型练习和语法纠错练习。

4.注重修辞

修辞是语言的表达技巧之一，能够增强语言的表达效果。学生们应该注重修辞的学习和运用，提高语言表达的生动性和形象性。

5.多实践多总结

语言是一种实践性很强的技能，只有通过不断实践和总结才能更好地理解和运用语言。学生们应该多读、多写、多听、多说，并注重总结自己的经验和教训，不断完善自己的语言能力。

在初中语文阅读教学中，语言学理论是非常重要的基础。通过学习语言学理论，学生们可以更好地掌握语言的规律和特点，从而更好地理解和运用语言。同时，学生们也应该注重实践和总结，不断完善自己的语言能力。只有不断努力和提高自己的语言素养，才能更好地适应未来的学习和工作需求。

二、心理学理论

在初中语文阅读教学中，心理学理论占据着重要的地位。这是因为初中阶段是学生认知发展的重要阶段，同时也是学生情感态度、思维品质、认知风格等心理特点形成的关键时期。因此，在初中语文阅读教学中，教师需要关注学生的认知发展、情感态度、思维品质等方面的培养，注重学生的心理特点和认知规律，采用适当的教学方法，激发学生的学习兴趣和积极性，帮助他们更好地理解和掌握知识。

（一）认知发展理论

认知发展理论是教育心理学领域中一个重要的理论，它强调了个体的认知发展是通过不断积累经验和适应环境而实现的。在初中语文阅读教学中，教师需要关注学生的认知发展特点，根据学生的年龄、经验和知识水平，选择适合他们的教学内容和方法，以促进学生的认知发展。

根据认知发展理论，初中生已经具备了一定的逻辑思维能力，因此可以逐步引导他们运用分析、归纳等思维方式进行阅读和思考。在初中语文阅读教学中，教师可以引导学生对文本进行深入的分析和思考，让他们学会从多个角度去理解文本的内容和意义。通过这种方式，学生可以逐渐提高自己的思维能力和理解能力，从而更好地掌握阅读技巧和方法。

教师需要根据学生的个体差异和个性特点，采用个性化的教学方法，激发他们的学习兴趣和动力。每个学生都是独一无二的个体，他们具有不同的兴趣爱好、学习方式和认知风格。因此，教师在教学过程中应该充分关注学生的个体差异，根据学生的特点制订相应的教学计划和方法。例如，教师可以采用多元化的教学方式，如小组讨论、角色扮演、互动问答等，来激发学生的学习兴趣和积极性。此外，教师还可以根据学生的兴趣爱好和特长，选择适合他们的阅读材料和教学方法，以促进他们的个性化发展。

除了教学方法的个性化，教师还需要注重培养学生的阅读习惯和阅读兴趣。阅读是语文学习的重要环节，也是学生获取知识和信息的重要途径。在初中语文阅读教学中，教师应该注重培养学生的阅读习惯和兴趣，让他们逐渐养成爱读书、善读书的好习惯。教师可以通过推荐适合初中生阅读的书籍和文章，引导学生自主选择阅读材料，同时给予他们必要的阅读指导和帮助。此外，教师还可以组织丰富多彩的阅读活动，如读书分享会、朗诵比赛、写作比赛等，让学生在愉快的氛围中培养阅读兴趣和阅读能力。

教师需要注重培养学生的思维品质和创新能力。在认知发展理论中，个体的认知发展不仅仅是思维能力和理解能力的提高，还包括思维品质和创新能力的发展。因此，在初中语文阅读教学中，教师需要注重培养学生的思维品质和创新能力，让他们学会从多角度思考问题、解决问题。教师可以通过引导学生进行开放性的思考和讨论，让他们学会从不同的角度看待问题，并尝试提出新的观点和想法。此外，教师还可以鼓励学生进行创新性的写作和表达，让他们尝试运用不同的表达方式和技巧来表达自己的思想和情感。

（二）情感态度理论

情感态度理论在初中语文阅读教学中具有重要的作用。情感态度是指个体对某种事物或情境所表现出来的情感倾向和心理反应，它对学生的学习效果有着重要的影响。根据情感态度理论，积极情感态度能够促进学生的学习效果，而消极的情感态度则会阻碍学生的学习。因此，在初中语文阅读教学中，教师需要关注学生的情感态度变化，注重培养他们的积极情感和正确的价值观。

1.创设情境，激发兴趣

为了激发学生的学习兴趣和动力，教师需要创设与阅读材料相关的情境，让学生感受到阅读的乐趣和价值。教师可以通过多媒体、故事、问题等多种方式，将学生带入到情境中，让他们感受到阅读的魅力和意义。同时，教师还需要注重培养学生的阅读习惯和方法，让他们掌握正确的阅读技巧，提高阅读效率和质量。

2.组织活动，培养自信心和自尊心

教师可以通过组织各种形式的活动，如小组讨论、角色扮演、辩论等，让学生积极参与其中，培养他们的自信心和自尊心。这些活动能够让学生感受到自己的价值和作用，增强他们的学习动力和兴趣。同时，教师还需要注重培养学生的合作意识和团队精神，让他们在活动中相互帮助、相互支持，共同进步。

3.关注情感需求，及时给予关爱和支持

教师还需要关注学生的情感需求和心理变化，及时给予关爱和支持。初中阶段的学生正处于身心发展的重要时期，他们面临着许多心理和情感上的问题。教师需要关注学生的情感变化，了解他们的内心世界，给予他们必要的关爱和支持。这能够让学生感受到教师的关注和关心，增强他们的学习动力和自信心。

4.克服困难和挫折，培养积极心态

在阅读教学中，学生可能会遇到许多困难和挫折，如阅读理解、写作等方面的问题。教师需要引导学生正确面对这些困难和挫折，培养他们的积极心态。教师可以通过讲解阅读材料中的优秀人物和事迹，让学生感受到积极心态的力量和价值。同时，教师还需要给予学生必要的帮助和指导，让他们掌握克服困难的方法和技巧。

（三）思维品质理论

在初中语文阅读教学中，思维品质的培养是非常重要的。思维品质理论是指个体在思维方面的差异性和特点，包括思维的敏捷性、灵活性和创造性等方面。这些特点对于学生的阅读理解、分析问题和解决问题等方面都有着重要的影响。

教师需要关注学生的思维敏捷性。思维敏捷性是指个体在思维过程中能够快速、准确地分析和解决问题的能力。在初中语文阅读教学中，教师可以通过设计多样化的阅读任务和问题情境，引导学生运用多种思维方式进行思考和探索。例如，教师可以设计一些开放性的问题，让学生从多个角度进行分析和思考，从而培养他们的思维敏捷性。同时，教师还可以通过引导学生进行快速阅读和概括文章主旨等方法，来提高他们的思维敏捷性。

教师需要注重培养学生的思维灵活性。思维灵活性是指个体能够灵活运用不同的思维方式和方法来解决问题。在初中语文阅读教学中，教师可以通过引导学生运用不同的思维方式进行思考和探索，培养他们的思维灵活性。例如，教师可以设计一些具有启发性的问题，让学生从不同的角度进行分析和思考，从而培养他们的思维灵活性。同时，教师还可以通过引导学生进行比较阅读等方法，来提高他们的思维灵活性。

教师需要注重培养学生的创造性思维。创造性思维是指个体能够从多个角度分析和解决问题，并能够提出新的观点和方法的能力。在初中语文阅读教学中，教师可以通过设计一些具有挑战性的问题，引导学生运用创造性思维方式进行思考和探索。例如，教师可以引导学生对文章中的一些问题进行创新性的解读和思考，从而培养他们的创造性思维。

除了以上几个方面，教师还需要注重培养学生的批判性思维能力。批判性思维能力是指个体能够运用批判性思维来分析和解决问题，从而得出正确的结论和观点。在初中语文阅读教学中，教师可以通过设计一些具有启发性的问题，引导学生运用批判性思维方式进行思考和探索。同时，教师还需要注重培养学生的问题解决能力，让他们能够从多个角度分析和解决问题。

三、教育学理论

教育学理论，作为初中语文阅读教学的指导思想，一直以来都在发挥着至关重要的作用。它不仅关注学生的知识、技能、情感、态度等方面的培养，更注重学生的全面发展，从而使学生能够更好地适应未来的社会生活。

（一）关注学生的全面发展

在初中语文阅读教学中，关注学生的全面发展是非常重要的。教育学理论强调学生的全面发展，包括知识、技能、情感、态度等方面，而这些都是学生未来成长和发展的基础。因此，教师在教学中应该注重培养学生的综合素质，帮助他们全面发展。以下是从多角度、多层次帮助学生掌握知识、培养技能、注重情感和态度培养的多元化教学策略。

1.知识掌握

多元化的教学方法：采用多种教学方法，如讲解、讨论、小组合作、角色扮演等，让学生从不同的角度理解和掌握知识。

深入浅出的讲解：针对较难的知识点，教师可以通过深入浅出的讲解，帮助学生更好地理解。

知识点之间的联系：教师可以将相关的知识点联系起来，帮助学生形成知识网络，加深对知识的理解。

2.技能培养

写作训练：通过写作训练，提高学生的写作能力，同时培养他们的思考能力和表达能力。

阅读理解能力：通过阅读理解训练，帮助学生提高阅读速度和理解能力，培养他们的分析能力和判断能力。

口语表达能力：通过口语表达训练，提高学生的口头表达能力，同时培养他们的自信和沟通能力。

3.情感和态度培养

情感教育：教师在教学中应该注重情感教育，引导学生树立正确的价值观和人生观。

培养兴趣：通过引导学生阅读有趣的文章，激发他们的阅读兴趣和好奇心。

情感体验：教师可以组织学生参加一些情感体验活动，如诗歌朗诵、故事讲述等，让他们在活动中感受情感的力量。

鼓励参与：鼓励学生积极参与课堂活动，培养他们的团队合作意识和责任感。

通过多元化的教学策略，教师可以让学生在语文阅读中感受文化的魅力，提升语言表达能力、理解能力以及情感认知能力。这些能力的培养不仅有助于提高学生的语文素养，还有助于他们未来的学习和生活。

4.文化素养的培养

阅读经典文学作品：引导学生阅读经典文学作品，了解不同的文化背景和思想观念，提高他们的文化素养。

文化交流活动：组织文化交流活动，让学生与其他学生进行文化交流和分享，拓宽他们的文化视野。

5.自主学习能力的培养

引导学生自主学习：鼓励学生自主阅读、思考和探究，培养他们的自主学习能力。

提供学习资源：为学生提供丰富的学习资源，如书籍、网站等，帮助他们更好地进行自主学习。

（二）遵循教育规律

教育规律是教育学理论的核心内容之一，它强调教育过程应该符合学生的认知发展规律，遵循循序渐进的原则。在初中语文阅读教学中，教师应充分了解学生的认知水平和学习特点，合理安排教学内容和教学进度，避免过于急功近利或过分拔高。同时，教师应注重课堂反馈，及时调整教学策略和方法，以更好地满足学生的学习需求。

1.了解学生的认知水平和特点

教育规律要求教育过程应该符合学生的认知发展规律，初中语文阅读教学也不例外。教师在进行阅读教学时，首先要了解学生的认知水平和特点，包括他们的知识储备、理解能力、阅读速度等。根据这些信息，教师可以合理安排教学内容和教学进度，确保学生能够跟上教学节奏，避免过于急功近利或过分拔高。

2.循序渐进的教学原则

遵循教育规律要求教师在教学过程中遵循循序渐进的原则，从简单到复杂，从基础到提高。在初中语文阅读教学中，教师可以从简单的字、词、句入手，逐步引导学生理解文章的主旨、情感和思想。通过逐步提高难度，教师可以帮助学生建立良好的阅读习惯和阅读技巧，提高他们的阅读能力和理解水平。

3.注重课堂反馈，及时调整教学策略和方法

教育规律还要求教师注重课堂反馈，及时调整教学策略和方法，以满足学生的学习需求。在教学过程中，教师需要及时关注学生的反应和表现，根据他们的反馈调整教学进度和方法。如果学生对某个知识点感到困惑或难以理解，

教师需要及时进行解释和指导，帮助他们解决问题。同时，教师还需要关注学生的兴趣和爱好，根据他们的特点和需求调整教学内容和方法，以提高教学效果和学生的满意度。

4.培养学生良好的阅读习惯和阅读技巧

在初中语文阅读教学中，培养学生的良好阅读习惯和阅读技巧是遵循教育规律的重要内容之一。教师可以通过引导学生掌握正确的阅读方法、提高阅读速度、培养阅读思维等方式，帮助他们建立良好的阅读习惯和阅读技巧。同时，教师还需要鼓励学生多读、多写、多思考，通过不断实践和反思，提高他们的阅读能力和综合素质。

（三）注重个体差异和特点

1.注重个体差异

教育学理论中，学生的个体差异和特点是非常重要的因素。每个学生都有自己独特的兴趣、能力和学习风格，这是他们成长和发展的基础。在初中语文阅读教学中，教师应该尊重学生的个性发展，关注他们的差异，并据此制订相应的教学计划和目标。

2.了解每个学生的特点和优势

每个学生都有自己的特点和优势，教师需要通过观察和交流来了解每个学生的情况。根据学生的实际情况，教师可以调整教学策略和方法，使教学更加符合学生的需要。例如，对于阅读理解能力较强的学生，教师可以适当提高难度，引导他们深入思考和分析；对于阅读能力较弱的学生，教师可以注重基础知识的传授和阅读技巧的指导。

3.因材施教

因材施教是教育的基本原则，教师需要根据学生的特点和优势，制订相应的教学计划和目标。在初中语文阅读教学中，教师应该根据学生的实际情况，选择适合他们的阅读材料，设计相应的教学活动。同时，教师还应该注重培养学生的自主学习能力和创新思维能力，鼓励学生发挥自己的优势和特长，提高自信心和成就感。

4.培养学生的自主学习能力

自主学习能力是现代社会对人才的基本要求，也是学生未来发展的重要基础。在初中语文阅读教学中，教师应该注重培养学生的自主学习能力，包括自主阅读、自主思考、自主解决问题的能力等。教师可以通过引导学生自主选择阅读材料、设计阅读任务、组织讨论和交流等方式，培养学生的自主学习能力。

5.创新思维能力的培养

创新思维能力是现代社会对人才的重要要求之一，也是学生未来发展的重要能力之一。在初中语文阅读教学中，教师应该注重培养学生的创新思维能力，鼓励学生从不同的角度思考问题，探索新的思路和方法。教师可以通过设计开放性问题、组织小组讨论、开展实践活动等方式，培养学生的创新思维能力。

（四）采用适当的教学方法和手段

在初中语文阅读教学中，采用适当的教学方法和手段是非常重要的，这样可以促进学生的全面发展。

1.教学方法的选择

根据教学内容和目标，选择适合的教学方法。例如，对于一些需要学生深入理解文本内涵的内容，可以采用小组讨论的方法，让学生通过互相交流和讨论，加深对文本的理解。对于一些需要学生掌握阅读技巧的内容，可以采用案例分析的方法，通过分析具体的阅读案例，让学生掌握阅读技巧。

2.教学手段的多样性

教学手段的多样性可以提高学生的学习兴趣和参与度。例如，多媒体教学可以通过图片、视频、音乐等手段，将抽象的文字转化为直观的视觉和听觉体验，提高学生的学习兴趣。实验教学可以通过实际操作和观察，让学生亲身体验知识的形成过程，加深对知识的理解。

3.课堂互动和交流

鼓励学生表达自己的观点和想法，培养他们的语言表达能力和沟通技巧。在课堂教学中，教师可以设置一些开放性的问题，让学生自由发表自己的观点和想法，同时也要尊重学生的观点，给予积极的反馈和评价。这样可以提高学生的自信心和表达能力，也有助于培养学生的沟通技巧。

4.注重学生个体差异

每个学生的学习能力和兴趣爱好都是不同的，因此在教学过程中要注重学生的个体差异，采用不同的教学方法和手段，以满足不同学生的需求。例如，对于一些阅读能力较弱的学生，可以采用更直观的教学方式，如阅读辅导等方法，逐步提高他们的阅读能力。

5.培养自主学习能力

在教学过程中，要注重培养学生的自主学习能力，让学生掌握学习的主动权。例如，可以让学生自主选择阅读材料，自主设计阅读问题，自主总结阅读心得等。这样可以激发学生的学习兴趣和主动性，也有助于培养学生的自主学习能力。

四、现代信息技术理论

随着信息技术的快速发展，现代信息技术理论在初中语文阅读教学中发挥着越来越重要的作用。它为教师提供了新的教学资源和教学手段，通过多媒体、网络等资源的应用，丰富了教学内容和形式，激发了学生的学习兴趣和积极性，提高了教学效率和质量，减轻了教师的工作负担，从而更好地为学生服务。

（一）丰富教学内容和形式

现代信息技术在初中语文阅读教学中的运用，确实可以丰富教学内容和形式，使教学过程更加生动有趣，提高学生学习的积极性和效果。

1.教学内容的丰富

传统的教学方式往往局限于课本和有限的阅读材料，而现代信息技术的运用可以使教学内容更加丰富。多媒体技术可以将文字、图片、声音、视频等多种形式结合起来，创造出生动、形象、有趣的课堂环境。例如，教师可以通过播放与阅读材料相关的视频或图片，帮助学生更好地理解文章背景和主题。

2.引入更多阅读材料

网络资源丰富，教师可以通过网络引入更多的阅读材料，拓宽学生的阅读视野。学生不仅可以阅读课本中的文章，还可以接触到更多的优秀文学作品，增加学生的知识面。

3.多样化的教学形式

现代信息技术不仅可以提供丰富的教学内容，还可以创新教学形式。例如，教师可以利用在线平台进行互动式教学，鼓励学生积极参与讨论和提问。同时，教师还可以利用虚拟现实（VR）等技术，让学生通过身临其境的体验来加深对文章的理解。

4.个性化的教学

现代信息技术也可以实现个性化的教学。教师可以通过数据分析，了解每个学生的学习特点和需求，提供更有针对性的教学内容和方式。例如，对于阅读能力较弱的学生，教师可以提供更多的阅读指导和帮助；对于阅读能力较强的学生，教师可以推荐更高水平的阅读材料，以满足他们的求知欲。

5.提高教学效率

现代信息技术的运用也可以提高教学效率。教师可以通过网络平台进行教学资源的共享和交流，减少重复劳动的时间和精力。同时，学生也可以通过网络平台进行自主学习和自我评估，提高学习效率。

（二）激发学生的学习积极性和兴趣

激发学生的学习积极性和兴趣，是教育过程中至关重要的一环。传统的阅读教学往往以教师为主导，学生被动接受知识，这在一定程度上限制了学生的主动性和创造性。而现代信息技术的运用，为阅读教学注入了新的活力，可以有效地激发学生的学习兴趣和积极性。

多媒体技术可以将抽象的文字转化为形象、生动的画面，使学生更容易产生情感共鸣，增强对文章的理解和感悟。通过多媒体展示与文章内容相关的图片、视频、音乐等素材，可以吸引学生的注意力，激发他们的好奇心和求知欲。这种直观的教学方式可以帮助学生更好地理解文章的主题和情感，增强学生的阅读兴趣和阅读效果。

网络资源丰富多样，教师可以引导学生自主搜索、筛选、整理信息，培养学生的自主学习能力和创新思维能力。在网络环境下，学生可以根据自己的兴趣和需求，自主选择学习资源，进行探究式学习。他们可以通过网络平台与同学交流、讨论，分享学习成果，提高协作能力和沟通能力。这种自主学习的模式可以激发学生的学习兴趣，培养他们的创新意识和实践能力。

现代信息技术的运用可以实现个性化教学，满足不同学生的学习需求。教师可以根据学生的特点和学习情况，制定个性化的教学方案，选择适合他们的学习资源和方法。这样可以让每个学生都能够在适合自己的学习环境中发挥自己的优势，激发他们的学习积极性和兴趣。

现代信息技术的运用可以为教师和学生提供更多的互动机会，增强师生之间的交流和沟通。教师可以通过网络平台与学生进行在线交流，了解他们的学习情况和问题，及时给予指导和帮助。这种互动式的交流方式可以拉近师生之间的距离，增强师生之间的信任和尊重，从而更好地激发学生的学习兴趣和积极性。

（三）提高教学效率和质量

现代信息技术的运用对提高教学效率和质量确实具有重要的作用。

1.节省板书时间，提高授课效率

传统的板书教学方式需要教师花费大量的时间和精力在黑板上书写，这不仅会影响授课进度，还可能导致教师在课堂后半段感到疲惫。而现代信息技术的运用，如多媒体课件，可以使教师将授课内容以图片、视频、音频等形式呈现出来，从而节省了板书的时间和精力，使教师有更多的时间用于讲解和互动。

2.丰富教学内容和形式

网络资源丰富，教师可以通过网络获取各种教学资料和信息，如学术论文、案例分析、实验数据等，这些资料不仅可以使教学内容更加丰富和全面，还可以通过多样化的形式激发学生的学习兴趣和注意力。此外，现代信息技术还可以实现远程教学和在线教学，使教师能够将教学扩展到课堂之外，拓宽学生的知识面和视野。

3.实现教学评价的自动化和智能化

现代信息技术可以实现教学评价的自动化和智能化，通过数据分析和技术手段，教师可以及时了解学生的学习情况和学习反馈，从而更好地调整教学策略和方法。例如，教师可以利用在线评估系统实时监测学生的学习进度和成绩，根据学生的表现和反馈调整教学计划和内容，以提高教学质量和效果。

4.促进师生互动和协作

现代信息技术还可以促进师生之间的互动和协作，如在线讨论、实时问答、小组合作等。这些互动方式不仅可以增强师生之间的沟通和交流，还可以培养学生的团队协作能力和创新精神。此外，现代信息技术还可以实现教学资源共享和信息传递，使教师和学生能够更好地利用网络资源，提高教学效率和质量。

（四）减轻教师的工作负担

减轻教师的工作负担，需要从多个方面入手，而现代信息技术的运用无疑是一个重要的手段。

1.节省备课时间

传统的阅读教学需要教师花费大量的时间和精力准备教案，整理相关资料。而现代信息技术的运用，如制作多媒体课件，可以大大节省教师在这方面的投入。通过多媒体课件，教师可以生动形象地展示教学内容，使学生更容易理解和接受。同时，教师还可以利用网络资源，获取更多的教学素材和参考资料，丰富教学内容，提高教学质量。

2.节省板书时间

在传统的阅读教学中，教师需要花费大量的时间和精力进行板书，这不仅会占用教师的授课时间，还会影响教学进度。而现代信息技术的运用，如使用电子白板等工具，可以大大减少教师板书的时间和精力，使教师有更多的时间关注学生的表现和反馈，更好地与学生互动交流。

3.减少重复劳动

网络资源的共享和应用可以减少教师之间的重复劳动，提高工作效率和质量。教师可以通过网络平台共享教案、课件、教学素材等资源，避免重复制作和整理，节约时间和精力。同时，教师还可以通过网络平台进行交流和讨论，共同研究和解决教学中遇到的问题，提高教学质量和水平。

4.提高教学效率

现代信息技术的运用可以使教师更好地掌握学生的学习情况和反馈，从而更好地调整教学策略和方法，提高教学效率和质量。教师可以通过网络平台收集学生的学习数据和反馈信息，进行分析和整理，以便更好地制定教学计划和方案，提高教学效果。

5.减轻心理压力

现代信息技术的运用还可以减轻教师的心理压力。教师的工作压力很大，需要面对各种考核和评估。而现代信息技术的运用可以使教师更好地掌握教学资源和工具，减轻教师的备课压力和心理负担。同时，教师还可以通过网络平台与同行交流和讨论，共同解决教学中的问题，提高教学效果和质量。

第二章　初中语文阅读教学现状分析

第一节　当前初中语文阅读教学的问题

一、教师教学方法单一

在初中语文阅读教学中，许多教师仍然采用传统的教学模式，即教师讲解、学生听讲的模式。这种模式缺乏创新和灵活性，容易使学生感到枯燥乏味，缺乏兴趣和动力。

二、学生阅读兴趣不高

在初中阶段，学生的兴趣爱好和阅读习惯尚未完全形成，如果教师的教学方法不当，就很难激发学生的阅读兴趣和动力。同时，部分学生可能对阅读存在误解，认为阅读只是为了应付考试，缺乏对阅读价值的认识和重视。

三、学生阅读量不足

在初中语文教学中，由于课时有限和教学任务繁重，教师往往只能完成教学大纲的要求，而无法为学生提供足够的课外阅读时间和机会。这会导致学生的阅读量不足，影响他们的阅读水平和综合素质的提升。

第二节　初中语文阅读教学问题产生的原因及分析

一、教师教学方法单一的原因分析

教师教学方法单一的原因是多方面的，以下是一些可能的原因。

（一）教师缺乏培训和学习机会

教师的教学方法往往受到其教育背景和经验的影响。如果教师缺乏培训和学习机会，他们可能无法掌握新的教学方法和技巧，导致教学方法单一。此外，教师可能没有机会接触到不同的教学理念和方法，这也限制了他们的教学方法的创新。这种状况可能会导致教师对教育理论和方法的认知不足，使他们难以适应教育改革的需要。因此，为教师提供定期的培训和学习机会，使其能够不断更新教育理念和方法，是提高教学质量的关键。

（二）教师对阅读教学的重要性认识不足

一些教师可能对阅读教学的重要性认识不足，认为阅读只是学生自己的事情，不需要教师过多参与。这种观念可能导致教师的教学方法单一，缺乏创新和探索精神。教师需要认识到阅读教学不仅是学生的任务，也是自己的责任。通过阅读教学，教师可以培养学生的阅读兴趣和阅读能力，为其未来的学习和生活奠定基础。因此，教师应该积极探索多样化的教学方法，如小组阅读、阅读指导等，以提高阅读教学的效果。

（三）教师缺乏对学生个体差异的关注和了解

每个学生的学习风格、兴趣和需求都是不同的。如果教师缺乏对学生个体差异的关注和了解，他们可能无法根据学生的特点制订个性化的教学计划，导致教学方法单一。学生的个体差异是教育过程中的重要因素，教师应该尊重和关注每个学生的特点，并根据其需求制定相应的教学计划。这需要教师投入更多的时间和精力去了解学生，与他们建立良好的关系，从而更好地满足他们的学习需求。

（四）外部压力和评价机制

一些学校和家长可能对教师的教学方法有特定的要求和评价标准，这些标准可能限制了教师的教学方法的选择和创新。学校和家长对教师教学方法的评价标准应该以促进学生的全面发展为出发点，而不是仅仅关注考试成绩或教学形式。如果评价标准过于单一或过于强调形式主义，可能会限制教师教学方法的创新和多样性。因此，学校和家长应该给予教师更多的支持和鼓励，使其能够在教学过程中发挥创造性和灵活性，以满足不同学生的需求。同时，学校也应该为教师提供多样化的培训和学习机会，以帮助他们掌握新的教学方法和技巧，提高教学质量。

二、学生阅读兴趣不高的原因分析

学生阅读兴趣不高的原因也是多方面的，以下是一些可能的原因。

（一）家庭教育不足

家庭教育在学生阅读培养中扮演着重要的角色。如果家长缺乏对学生阅读的引导和培养，学生可能无法养成良好的阅读习惯和兴趣。因此，家长应该积极参与到学生的阅读培养中来，与孩子一起选择合适的阅读材料，引导他们养成良好的阅读习惯，培养他们的阅读兴趣。

（二）学生受应试教育的影响

应试教育可能导致学生过于关注考试成绩，而忽略了阅读的兴趣和习惯的培养。为了应对考试，学生可能把更多的时间用于做题和复习，而忽略了阅读的重要性。因此，学校和教师应该注重培养学生的阅读兴趣和习惯，引导学生阅读一些有益的书籍，提高他们的阅读能力和素质。

（三）学生缺乏良好的阅读环境和氛围

学生需要一个良好的阅读环境和氛围来培养阅读的兴趣和习惯。如果学生缺乏足够的阅读材料和空间，或者没有组织丰富多彩的阅读活动，他们可能对阅读失去兴趣。因此，学校和家庭应该为学生提供一个良好的阅读环境和氛围，提供足够的阅读材料和空间，组织丰富多彩的阅读活动，激发他们的阅读兴趣和热情。

（四）学生缺乏教师的有效指导

如果教师没有对学生进行有效的阅读指导，学生可能无法掌握正确的阅读方法和技巧，这也会影响他们的阅读兴趣。因此，教师应该注重培养学生的阅读方法和技巧，提供一些有效的阅读指导，帮助他们更好地理解和掌握阅读材料，提高他们的阅读能力。同时，教师也应该注重培养学生的阅读兴趣和习惯，引导学生积极参与到阅读中来。

三、学生阅读量不足的原因分析

学生阅读量不足的原因也是多方面的，以下是一些可能的原因。

（一）学校和家庭缺乏良好的阅读环境和氛围

阅读是提高知识水平、拓宽视野、增强思维能力的重要途径，学校和家庭是学生接受教育的主要场所，良好的阅读环境和氛围对学生的阅读习惯和阅读能力具有重要影响。如果学校和家庭缺乏良好的阅读环境和氛围，学生可能没有足够的机会进行课外阅读，这将影响他们的知识水平和思维能力的发展。

（二）课业压力过大

随着课业压力的增加，学生的学习任务繁重，可能没有足够的时间和机会进行课外阅读。他们可能需要更多的时间用于完成作业、复习考试科目等，这会导致他们无法充分利用课外时间进行阅读。长期处于这种压力之下，学生可能会逐渐失去对阅读的热情和兴趣。

（三）教师缺乏对学生的有效指导

教师是学生阅读的重要指导者，如果教师没有对学生进行有效的阅读指导，学生可能无法掌握正确的阅读方法和技巧，这也会影响他们的阅读量和阅读能力。此外，教师可能没有为学生提供足够的课外阅读材料和建议，导致学生无法充分利用课外时间进行阅读。如果教师能够提供适当的阅读材料和指导，学生将更容易培养良好的阅读习惯和阅读能力。

（四）学生缺乏主动阅读的意识

一些学生可能缺乏主动阅读的意识，他们可能更倾向于使用手机、电脑等电子设备来消磨时间，而忽略了纸质书籍的阅读。这种习惯可能会导致他们的知识面狭窄、思维能力受限等问题。因此，学生应该意识到阅读的重要性，培养主动阅读的习惯，充分利用课外时间进行阅读，拓宽自己的知识面和提高自己的思维能力。

第三节　初中语文阅读教学问题对培养阅读能力的影响

培养学生的阅读能力，对提高学生的语文素养、促进学生的全面发展以及提高语文教学的质量和效果都有积极的影响。

一、提高学生的阅读能力和语文素养

提高学生的阅读能力和语文素养是一个重要的教育目标。

（一）增加阅读时间

学校和家庭应该为学生提供更多的阅读时间。学校可以增加每周的阅读课时间，提供丰富的阅读材料，如小说、诗歌、散文等。家庭方面，家长也应该鼓励孩子在完成作业后进行阅读，并给予他们足够的阅读空间和时间。

（二）推荐优秀的阅读材料

选择合适的阅读材料是提高阅读能力的关键。教师可以根据学生的年龄、兴趣和阅读能力，推荐适合他们的阅读材料。这些材料可以是经典文学作品、报纸杂志、科普读物等。同时，家长也可以根据孩子的兴趣和需求，为他们选择合适的阅读材料。

（三）培养良好的阅读习惯

良好的阅读习惯包括定时阅读、定量阅读、专心阅读等。学生应该养成每天定时阅读的习惯，如睡前或午后。定量阅读是指学生应该根据自己的阅读能力，选择适当的阅读材料和篇幅。同时，学生应该学会专心阅读，避免在阅读过程中分心或玩手机等干扰因素。

（四）组织阅读活动

学校和家庭可以组织各种形式的阅读活动，如读书俱乐部、朗诵比赛、读书分享会等。这些活动不仅可以提高学生的阅读兴趣，还可以促进他们之间的交流和合作。同时，教师和家长也可以根据孩子的兴趣和需求，为他们推荐合

适的阅读活动。

（五）加强语文知识的学习

语文知识是提高语文素养的基础。学生应该在学习过程中加强对语文知识的理解和掌握，如语法、词汇、修辞等。教师可以在课堂上加强语文知识的教学，为学生提供更多实践和练习的机会。同时，家长也应该关注孩子在语文知识方面的学习情况，及时给予指导和帮助。

二、促进学生的全面发展

（一）阅读能力的培养对促进学生全面发展的重要性

阅读能力的培养不仅有助于提高学生的语文素养，还可以促进学生的全面发展。通过阅读，学生可以拓宽自己的知识面和视野，了解不同领域的知识和信息，从而促进自己的全面发展。这一点在当今信息爆炸的时代尤为重要，因为学生需要具备广泛的知识和信息处理能力，才能适应社会的变化和发展。

（二）阅读对拓宽知识面的作用

阅读是一种获取知识的重要途径，它可以帮助学生接触到不同领域的知识和信息，拓宽他们的知识面。通过阅读，学生可以了解历史、文化、科学、技术等多个领域的最新发展，这些知识将有助于他们在未来的人生道路上更好地适应各种环境和挑战。

（三）阅读对开阔视野的作用

阅读可以帮助学生开阔视野，了解不同国家和地区的文化、风俗和生活方式，增强他们的国际视野和跨文化交流能力。这对学生未来的职业发展和社会交往都有很大的帮助。

（四）阅读对培养审美能力和人文素养的作用

阅读可以培养学生的审美能力和人文素养，提高学生的综合素质和人文精神。通过阅读优秀的文学作品，学生可以感受到文字的美妙和语言的魅力，培养他们的审美情趣和人文素养。同时，阅读还可以帮助学生更好地理解和欣赏人类文化的多样性，增强他们的文化自信和民族自豪感。

（五）阅读对学生综合素质和人文精神的培养作用

阅读不仅有助于提高学生的语文素养，还可以培养学生的综合素质和人文精神。通过阅读，学生可以接触到不同的思想、观念和价值观，从而形成自己的世界观、人生观和价值观。这些价值观将对学生的未来发展产生深远的影响，帮助他们成为有思想、有道德、有文化、有纪律的人。

三、提高语文教学的质量和效果

（一）培养学生对阅读的兴趣和热情

要提高语文教学的质量和效果，首先需要培养学生的阅读兴趣和热情。教师可以通过引导学生选择适合自己的阅读材料，如有趣的童话、故事、诗歌等，来激发学生的阅读兴趣。同时，教师还可以组织一些阅读活动，如读书分享会、阅读竞赛等，让学生通过交流和互动，更好地理解和掌握阅读材料。

（二）教授学生阅读技巧和方法

除了激发学生的阅读兴趣，教师还需要教授学生一些阅读技巧和方法，帮助学生更好地理解和掌握阅读材料。例如，教师可以教授学生如何快速浏览、如何抓住重点、如何进行推理等技巧，让学生能够更好地理解和分析阅读材料。

（三）加强学生的课外阅读

除了课堂上的阅读，教师还需要鼓励学生进行课外阅读，让学生能够接触到更多的阅读材料，拓宽学生的视野和知识面。教师可以推荐一些适合学生阅读的书籍和杂志，引导学生进行有选择性的阅读。

（四）注重学生的思考和讨论

在阅读教学中，教师还需要注重学生的思考和讨论。教师可以通过组织小组讨论、个人发言等形式，让学生发表自己的观点和想法，加深学生对阅读材料的理解和掌握。同时，教师还需要鼓励学生提出自己的疑问和困惑，帮助学生更好地解决问题和提高阅读能力。

（五）利用现代技术手段辅助教学

随着现代技术的发展，教师可以利用一些现代技术手段来辅助阅读教学。例如，教师可以利用多媒体课件、网络资源等手段，将阅读材料以更加生动、形象的方式呈现给学生，激发学生的学习兴趣和积极性。

第三章　初中语文阅读教学理念创新

第一节　新课标下的初中语文阅读教学理念

一、尊重学生主体地位

（一）激发学生阅读兴趣

激发学生阅读兴趣是提高学生阅读能力和培养良好阅读习惯的重要途径。以下是一些可以尝试的方法。

1.创设阅读情境，引导学生进入阅读状态

故事导入：在课前或课堂上讲述一些有趣的故事，引导学生进入阅读状态。

问题引导：提出一些与阅读材料相关的问题，激发学生的好奇心和求知欲，引导他们主动阅读。

多媒体展示：利用多媒体设备展示与阅读材料相关的图片、视频等，帮助学生更好地理解阅读内容。

这些方法可以帮助学生更好地理解阅读材料，激发他们的阅读兴趣。

2.推荐优秀阅读材料，引导学生选择适合自己的阅读内容

根据学生的年龄：根据学生的年龄和认知水平，推荐适合他们的阅读材料。

根据兴趣：鼓励学生根据自己的兴趣选择阅读材料，这样可以更好地激发他们的阅读兴趣。

根据知识水平：根据学生的知识水平，推荐一些具有挑战性的阅读材料，以满足他们的求知欲。

同时，教师也可以根据学生的阅读情况，给予一些阅读建议和指导，帮助他们选择适合自己的阅读内容。

3.开展丰富多彩的阅读活动，增强学生的阅读自信心和成就感

读书沙龙：组织学生定期开展读书沙龙活动，分享自己的阅读心得和体会，增强他们的阅读自信心和成就感。

朗诵比赛：组织学生参加朗诵比赛，锻炼他们的口语表达能力和自信心，同时也可以激发他们的阅读兴趣。

故事会：组织学生讲述自己读过的故事，增强他们的口头表达能力，同时也可以激发他们的阅读兴趣。

这些活动可以让学生有机会展示自己的阅读成果，增强他们的阅读自信心和成就感，进一步激发他们的阅读兴趣。

4.建立良好的师生关系，鼓励学生向老师提问、分享阅读心得等

建立良好的师生关系：与学生建立良好的师生关系，了解他们的阅读需求和兴趣，及时给予指导和帮助。

鼓励学生提问：鼓励学生向老师提问，帮助他们解决阅读中的困惑和难题，增强他们的阅读积极性和兴趣。

分享阅读心得：鼓励学生分享自己的阅读心得和体会，教师可以给予一些反馈和建议，帮助他们更好地理解阅读材料。

这些方法可以增强学生的阅读积极性和兴趣，同时也可以促进师生之间的交流和互动。

（二）培养学生良好的阅读习惯

阅读是获取知识和提高自身素质的重要途径，对于学生的成长和发展具有重要意义。因此，培养学生良好的阅读习惯是教师的一项重要任务。

1.制定明确的阅读计划和目标

为了让学生有计划地进行阅读，教师可以根据学生的实际情况和兴趣爱好，制订明确的阅读计划和目标。这些计划和目标应该包括阅读的书目、阅读的时间、阅读的方式等。同时，教师还应该根据学生的阅读能力、阅读兴趣和阅读进度等因素，适时调整计划和目标，确保学生能够逐步提高他们的阅读能力和阅读水平。

2.引导学生养成良好的阅读姿势和习惯

良好的阅读姿势和习惯对于保护学生的身体健康非常重要。教师应该引导学生养成良好的阅读姿势和习惯，如正确的坐姿、不躺着读、不长时间连续阅读等。同时，教师还应该教育学生注意用眼卫生，如不在光线暗的环境下看书、不在床上看书等。这些措施可以有效地保护学生的视力，预防近视和其他眼疾的发生。

3.培养良好的阅读环境

良好的阅读环境可以让学生更加专心致志地进行阅读。教师应该为学生创造一个安静、舒适的阅读空间，如图书馆、阅览室等。同时，教师还应该注意保持阅读空间的温度和照明适宜，确保学生能够在一个舒适的环境中进行阅读。此外，教师还可以鼓励学生在家中设立专门的阅读空间，让他们在安静的环境中享受阅读的乐趣。

4.鼓励学生在阅读后进行思考和总结

阅读不仅仅是获取知识的过程，更是思考和总结的过程。教师应该鼓励学生边读边思考，理解书中的内容，形成自己的见解和感悟。同时，教师还应该引导学生对所读内容进行总结和归纳，让他们在理解的基础上形成自己的知识体系。通过这种方式，学生可以提高他们的阅读质量和效果，同时也可以培养他们的思维能力和总结能力。

5.建立合理的奖励机制

为了激励学生保持良好的阅读习惯，教师应该建立合理的奖励机制。这些奖励可以包括口头表扬、奖励证书、奖励品等。当学生表现出优秀的阅读行为时，教师应该给予适当的奖励和肯定，以激励他们继续保持良好的阅读习惯。此外，教师还可以鼓励学生之间互相鼓励、互相学习，形成良好的阅读氛围。

二、培养阅读方法和技巧

（一）朗读技巧

朗读是一种出声的阅读方式，通过大声朗读，可以帮助读者增强对文章的理解和记忆。在朗读过程中，需要注意以下几点。

1.发音清晰

在朗读时，要确保发音清晰，不要含糊不清，以免影响理解和记忆。这不仅要求读者能够正确地发音，还要求他们能够清晰地表达每个音节和音调。为了做到这一点，读者可以多次练习朗读，直到发音准确并形成习惯。

2.语速适当

根据文章的内容和情感，适当调整语速，让朗读更加自然流畅。例如，在描述紧张或兴奋的场景时，语速可以稍微加快；而在描述平静或庄重的场景时，语速可以适当地放慢。通过控制语速，读者可以更好地传达文章的情感和氛围。

3.语调自然

在朗读时，要注意语调的自然变化，根据句子的意思调整语调，让朗读更加生动。这包括在句子中的停顿、重音和语气变化。适当的停顿可以帮助读者更好地理解句子的结构，而重音和语气的变化则可以传达句子的情感和态度。

4.停顿、重音和语气

在朗读过程中，适当的停顿、重音和语气变化可以帮助理解和表达情感。停顿可以在句子之间或句子内部进行，以帮助读者理解句子的结构。重音可以通过强调关键词来传达句子的情感和态度。语气则可以通过声音的强度、高低和抑扬变化来传达。通过这些技巧，读者可以更好地传达文章的情感和意义。

（二）默读技巧

默读是一种无声的阅读方式，通过快速浏览和扫描文章，可以快速获取文章的主要内容和结构。在默读过程中，需要注意以下几点。

1.视线移动

在进行默读时，视线需要快速移动，尽量避免逐字逐句地阅读。这是因为逐字逐句的阅读方式会大大减慢阅读速度，而且容易让人分心，影响对文章的整体理解。相反，通过快速浏览和扫描，我们可以快速抓住文章的关键信息和重要内容，从而更好地理解文章的主旨。

2.快速浏览和扫描

在默读过程中，快速浏览和扫描是非常重要的步骤。通过快速浏览和扫描，我们可以迅速了解文章的结构和主要内容，同时也可以发现文章中的一些关键点和难点。这样可以让我们更有针对性地进行阅读和理解，提高阅读效率。

3.提取关键词句

在进行默读时，我们还需要注意提取关键词句。关键词句通常是指文章中的一些关键信息点，如主题句、结论句、转折词后的内容等。通过提取这些关键词句，我们可以更好地理解文章的主要内容和结构，同时也可以帮助我们更好地记忆和理解文章。

（三）精读技巧

精读是一种深入阅读方式，需要逐字逐句地阅读，深入理解文章的内容和思想。在精读过程中，需要注意以下几点。

1.分析文章结构

精读时，分析文章结构是非常重要的一步。通过分析文章的结构，可以了解文章的主要观点和论据，从而更好地理解文章的内容。通常，文章的结构包括引言、主体和结论三个部分。在引言部分，作者通常会介绍主题并给出背景信息；在主体部分，作者会通过各种论据和证据来支持自己的观点；在结论部分，作者会对自己的观点进行总结和概括。

2.逻辑分析

在精读文章时，逻辑分析也是非常重要的。通过注意文章的逻辑关系，可以更好地理解作者的论证方式和逻辑结构。通常，文章的逻辑关系包括因果关系、对比关系、递进关系等。通过分析这些逻辑关系，可以更好地理解作者的思路和观点。

3.用词和表达方式

精读文章时，分析作者的用词和表达方式也是非常关键的。通过学习作者的用词和表达方式，可以提高自己的语言表达能力和写作水平。例如，作者可能会使用一些特定的词汇和短语来表达观点，或者使用一些逻辑结构来组织思路。通过分析这些表达方式，可以更好地理解作者的写作风格和表达技巧。

4.记忆和总结

精读后，及时总结知识点是非常重要的。将文章中的精华部分转化为自己的知识，可以帮助我们更好地理解和记忆文章的内容。可以通过写笔记、制作思维导图等方式来整理和记忆所学到的知识点。此外，定期回顾所学的知识也有助于巩固记忆和提高理解能力。

（四）略读技巧

略读是一种快速阅读方式，通过快速浏览和扫描文章，抓住文章的主要内容和关键信息。在略读过程中，需要注意以下几点。

1.快速浏览全文

在阅读文章之前，首先需要快速浏览全文，了解文章的主题和主要内容。通过快速浏览，读者可以大致了解文章的内容，并确定自己是否对这篇文章感兴趣。这一步可以帮助读者更好地把握文章的整体结构和主要内容，为后续的阅读做好准备。

2.抓住关键词句

在略读过程中，读者需要注重抓住文章中的关键词句，以帮助理解文章的主要观点。这些关键词句通常出现在文章的主题句、结论句、重要观点、图表等地方。通过抓住这些关键词句，读者可以更好地理解文章的核心内容和主要观点，提高阅读效率。

3.提炼主要观点

略读时，读者需要提炼出文章的主要观点，以便更好地理解文章的整体结构和主要内容。这一步骤需要读者对文章的内容进行概括和归纳，以便更好地把握文章的核心思想和主要内容。

4.不要过分追求细节

略读是一种快速阅读方式，读者应该注重文章的整体结构和主要内容，而不是过分关注细节。通过略读，读者可以快速了解文章的核心内容，并节省时间提高阅读效率。因此，读者在略读时应该注重文章的整体结构和主要内容，不要过分追求细节。

三、拓展阅读资源

（一）提供多种阅读材料

1.书籍

为了提高学生的阅读兴趣和阅读能力，教师可以推荐一些适合学生年龄段的书籍，例如童话故事、科普读物、文学名著等。这些书籍可以帮助学生拓宽知识面，提高阅读理解能力。

2.报纸和杂志

除了书籍，教师还可以推荐一些报纸和杂志，例如《人民日报》《中国青年报》等，这些报纸和杂志通常会涵盖时事和社会热点问题，可以帮助学生了解社会动态，培养他们的社会责任感和公民意识。

3.电子书

随着电子书的普及，教师也可以推荐一些电子书给学生阅读。电子书具有方便携带、随时阅读等优点，可以满足学生随时随地阅读的需求。

4.阅读材料的选择

在选择阅读材料时，教师需要考虑到学生的年龄、知识水平、兴趣爱好等因素。对于低年级学生，可以选择一些较为简单易懂的阅读材料；对于高年级学生，可以选择一些更具挑战性的阅读材料，以提高他们的阅读水平和兴趣。

同时，教师还需要关注时事和社会热点问题，为学生提供一些与时代紧密相关的阅读材料。这样既可以激发学生的学习兴趣和动力，又可以培养学生的社会责任感和公民意识。

5.教师的引导作用

除了提供阅读材料，教师还可以通过讲解、讨论等方式引导学生深入阅读材料，培养学生的思考能力和表达能力。同时，教师还需要对学生的阅读情况进行跟踪和反馈，及时调整阅读材料和教学方式，以提高教学效果。

（二）引导学生自主选择阅读材料

1.引导学生自主选择阅读材料的重要性

在教育过程中，除了提供多种阅读材料，教师还应该鼓励学生自主选择阅读材料。自主选择阅读材料能够激发学生的兴趣和主动性，增强学生的阅读能力和思维能力。

2.引导学生自主选择阅读材料的措施

鼓励学生根据自己的兴趣爱好和需求，选择适合自己的阅读材料。教师可以通过提供多种类型的阅读材料，让学生根据自己的喜好进行选择。同时，教师还可以为学生推荐一些优秀的阅读材料，引导学生了解不同类型和风格的文学作品。

3.学生之间互相推荐阅读材料的重要性

学生之间互相推荐自己喜欢的阅读材料，能够拓宽学生的阅读视野，提高学生的阅读水平。学生之间的交流和分享能够激发彼此的阅读兴趣，促进共同进步。

4.推荐优秀阅读材料的方法

教师可以通过网络资源、图书馆、书店等途径，为学生推荐优秀的阅读材料。教师还可以鼓励学生自行查找相关资料，了解不同类型的文学作品，以便更好地选择适合自己的阅读材料。

5.引导学生思考和讨论阅读材料的方法

在引导学生自主选择阅读材料的过程中，教师还可以引导学生对阅读材料进行思考和讨论。通过讨论和交流，学生能够更好地理解阅读材料的内容和意义，同时提高自己的语言表达能力和思维能力。

四、培养审美能力

（一）引导学生欣赏语言美

审美教育是培养学生审美能力的一种教育方式，而语言美是审美教育的重要内容之一。在语文教学中，引导学生欣赏语言美，可以提高学生的审美能力。具体来说，可以通过以下几种方式。

让学生欣赏优美的语句和词语，例如诗词中的经典诗句、散文中的优美词句等。引导学生感受语言的优美之处，并思考如何运用语言来表达自己的情感和思想。

让学生学习修辞手法，例如比喻、拟人、排比等，通过修辞手法的运用，可以使语言更加生动、形象、有感染力。引导学生了解这些修辞手法的特点和作用，并尝试在自己的写作中运用。

让学生阅读优秀的文学作品，例如诗歌、散文、小说等，通过阅读优秀的文学作品，可以提高学生的文学素养和审美能力。在阅读过程中，可以引导学生注意文学作品的细节描写、语言风格等方面的特点。

通过以上几种方式，可以培养学生的语言美欣赏能力，进而提高学生的审美能力。

（二）引导学生感受情感美

情感美是审美教育的重要组成部分，通过引导学生感受情感美，可以提高学生的审美感知能力和审美情趣。在语文教学中，可以通过以下几种方式来引导学生感受情感美。

让学生体会文章中的情感变化和情感表达方式，例如诗歌中的意象、散文中的情感抒发等。引导学生了解情感的变化和表达方式的特点和作用，并尝试在自己的写作中运用。

让学生阅读优秀的文学作品，并引导他们体会作品中所表达的情感。在阅读过程中，可以引导学生注意文学作品中所蕴含的情感和思想内涵，并思考如何运用情感来打动人心。

让学生结合自己的情感经历来感受文章中的情感美。在语文教学中，可以通过让学生结合自己的情感经历来理解文章中所表达的情感，从而增强学生对情感美的感知和理解能力。

通过以上几种方式，可以引导学生感受情感美，进而提高学生的审美感知能力和审美情趣。

（三）引导学生体验意境美

意境美是文学艺术作品中所蕴含的美学特点之一，通过引导学生体验意境美，可以提高学生的审美想象力和创造力。在语文教学中，可以通过以下几种方式来引导学生体验意境美。

让学生结合文学作品的文字描述来想象作品的意境。在阅读过程中，可以引导学生结合文字描述来展开想象，感受文学作品中所营造的意境美。

让学生根据文学作品的主题和情节来展开想象，从而创作出自己的艺术作品或文学作品。在写作过程中，可以引导学生发挥自己的想象力，创作出具有意境美的艺术作品或文学作品。

组织学生进行课外实践活动，例如参观美术馆、博物馆等艺术场所，让学生在实践中感受艺术的魅力，并启发他们的审美想象力。通过这些实践活动，可以帮助学生更好地体验意境美，并提高他们的审美创造力。

五、情感态度和价值观培养

（一）引导学生树立正确的价值观

价值观是人们在实践中形成的对于价值、价值关系的一般看法和根本观点，是处理各种价值问题时所持的基本观点和根本态度，是学生树立正确的世界观和人生观的基石。在教学中，我们应该引导学生树立正确的价值观，如诚信、公正、尊重、平等、和谐等。我们应该教育学生珍惜自己的品德和道德观念，并且将其贯穿于日常生活中，使他们在人际交往中遵循正确的行为规范和道德准则，树立正确的道德观念和行为习惯。

在引导学生的价值观时，我们需要遵循以下原则。

1.实事求是的原则

我们应该尊重事实，不夸大或缩小事实，不歪曲事实，不编造虚假信息。

2.公正的原则

我们应该公正地对待每个人，不偏袒任何一方，不歧视任何群体或个人。

3.尊重他人的原则

我们应该尊重他人的权利和尊严，不侵犯他人的隐私和权利，不侮辱他人的人格。

4.平等原则

我们应该平等地对待每个人，不论他们的性别、种族、年龄、身体状况等因素，不歧视任何人。

5.和谐的原则

我们应该以和谐的方式处理人际关系和冲突，不采取破坏性的方式解决问题。

通过这些原则的引导和教育，我们可以帮助学生树立正确的价值观，使他们成为具有道德责任感和社会责任感的公民。

（二）培养积极的人生态度和道德观念

培养积极的人生态度和道德观念是学校教育的另一个重要目标。通过培养学生积极向上的态度和价值观，可以帮助他们形成健康的心理品质，如乐观、自信、坚强、勤奋、进取等。这些品质不仅有助于他们在学业上取得成功，而且对于他们未来的生活和工作也有着重要的影响。

在教学中，我们可以采取以下措施来培养学生的积极人生态度和道德观念。

1.营造积极的课堂氛围

教师应该营造一个积极向上的课堂氛围，鼓励学生积极参与课堂活动，表达自己的想法和意见，给予学生充分的支持和鼓励。

2.强调勤奋和进取精神

教师应该引导学生认识到勤奋和进取精神的重要性，教育他们只有通过不断努力和追求才能实现自己的梦想和目标。

3.培养学生的责任感和担当精神

教师应该教育学生认识到自己作为社会成员的责任和担当精神，让他们学会承担自己的行为后果和社会责任。

4.引导学生树立正确的自我评价标准

教师应该引导学生树立正确的自我评价标准，让他们认识到自己的优点和不足，并学会自我反思和自我调整。

通过这些措施的落实，我们可以帮助学生培养积极的人生态度和道德观念，使他们成为具有健康心理品质和社会责任感的人。同时，我们还需要注意培养学生的情感态度和价值观的平衡发展，避免过度强调某一方面的价值而忽视其他方面的发展。我们应该注重培养学生的综合素质和能力，使他们成为具有全面发展的优秀人才。

第二节　初中语文个性化阅读教学理念

一、教学理念

（一）尊重学生个体差异，关注学生个性化发展

每个学生都是独一无二的，他们的兴趣、爱好、思维方式、学习风格等方

面存在差异。因此，在个性化阅读教学中，我们需要尊重学生的个体差异，根据学生的特点和发展需求，制定符合学生个性的教学计划和策略，从而促进学生的个性化发展。这将有助于培养学生的自主学习能力和创造性思维，使他们能够更好地适应未来的学习和生活。

（二）培养学生自主阅读、自主思考的能力

个性化阅读教学强调学生的主体地位，鼓励学生自主阅读、自主思考，培养学生的自主学习能力和创造性思维。通过引导学生自主探究、讨论、交流等方式，帮助学生掌握阅读方法和技巧，提高阅读理解能力。这将有助于培养学生的批判性思维和问题解决能力，使他们能够更好地应对未来的挑战。

（三）引导学生探索阅读材料背后的文化内涵和价值取向

阅读不仅仅是文字的堆砌，更是一种文化交流和思想碰撞的过程。个性化阅读教学注重引导学生探索阅读材料背后的文化内涵和价值取向，培养学生的文化意识和审美情趣。这将有助于提高学生的综合素质和文化素养，使他们能够更好地理解和欣赏不同的文化背景。

（四）注重师生互动，营造轻松、和谐的课堂氛围

个性化阅读教学强调师生之间的互动和交流，建立平等、和谐的师生关系。教师作为引导者，鼓励学生积极参与课堂活动，发表自己的观点和看法，营造轻松、和谐的课堂氛围，激发学生的学习兴趣和积极性。这样的教学方式有助于培养学生的自信心和自尊心，使他们能够更好地发挥自己的潜力。同时，教师也应该不断反思和改进自己的教学方法和策略，以满足不同学生的需求和提高他们的阅读水平。

二、教学内容

（一）现代文阅读教学

现代文阅读教学是语文教学的重要组成部分，通过培养学生理解、分析现代文的能力，提高阅读速度和阅读理解水平。个性化阅读教学注重培养学生的阅读兴趣和阅读习惯，通过精选阅读材料，引导学生掌握现代文阅读的方法和技巧，提高现代文阅读理解能力。在教学过程中，教师需要根据学生的实际情

况和兴趣爱好，选择适合他们的阅读材料，并给予适当的指导和帮助，使学生能够更好地理解和掌握现代文。

（二）古文阅读教学

古文阅读教学是语文教学中的另一重要组成部分，通过引导学生欣赏古文的美，提高古文阅读理解能力。个性化阅读教学注重培养学生的古文素养和审美情趣，通过精选古文阅读材料，引导学生感受古文的美，掌握古文阅读的方法和技巧，提高古文阅读理解能力。在教学过程中，教师需要注重古文的语法和词汇特点，帮助学生更好地理解和掌握古文。

（三）文学鉴赏教学

文学鉴赏教学是培养学生欣赏文学作品的能力，提高审美情趣的重要途径。个性化阅读教学注重培养学生的文学鉴赏能力，通过引导学生欣赏不同类型的文学作品，如诗歌、小说、散文等，帮助学生提高审美能力和创造性思维。在教学过程中，教师可以组织学生讨论和分析文学作品的主题、人物形象、情感表达等方面，从而提高学生的文学鉴赏能力。

（四）写作教学

写作教学是语文教学中的重要环节之一，通过培养学生的写作能力，引导学生表达自己的思想和情感。个性化阅读教学注重学生的写作训练和指导，通过多种形式的写作活动，如命题作文、自由写作、仿写等，帮助学生掌握写作技巧和方法，提高写作水平。在教学过程中，教师需要注重写作的指导和方法传授，鼓励学生积极思考、大胆表达，从而提高学生的写作能力和表达能力。同时，教师还需要关注学生的个性差异和兴趣爱好，因材施教，使每个学生都能够得到充分的发展和提升。

三、教学方法

（一）课堂讨论

鼓励学生积极参与课堂讨论，发表自己的观点和看法，是教学过程中的重要环节。通过这种方式，学生可以锻炼自己的思考能力和口头表达能力，同时也能拓宽思路和视野。个性化阅读教学注重培养学生的思考能力和口头表达能力，通过课堂讨论的方式，引导学生相互交流、相互学习，从而达到拓宽思路和视野的目的。在教学过程中，教师可以设计一些开放性的问题，引导学生积极思考，发表自己的观点和看法，同时也要给予学生充分的表达机会，让他们能够充分展示自己的才华。

（二）小组合作

组织小组合作学习，培养学生的团队协作精神和沟通能力，也是教学过程中不可或缺的一部分。个性化阅读教学注重培养学生的团队协作精神和实践能力，通过小组合作的方式，鼓励学生共同探究、共同解决问题，提高学生的学习能力和综合素质。在教学过程中，教师可以根据教学内容和学生的实际情况，将学生分成若干个小组，让他们共同完成一项任务或者解决一个问题，从而培养他们的团队协作精神和沟通能力。同时，教师也要给予学生充分的支持和指导，帮助他们更好地完成小组合作任务。

（三）案例分析

通过分析典型案例，帮助学生掌握阅读方法和技巧，是教学过程中的一种有效方式。个性化阅读教学注重案例教学的效果，通过精选案例分析的方式，帮助学生加深对阅读材料的理解和认识。在教学过程中，教师可以选取一些典型的阅读材料，进行分析和讲解，让学生掌握阅读方法和技巧，同时也能加深他们对阅读材料的理解和认识。此外，教师也可以鼓励学生自己去找一些阅读材料进行阅读和分析，从而培养他们的阅读能力和分析能力。

（四）多媒体教学

利用多媒体手段，丰富课堂教学内容，提高学生的学习兴趣，是教学过程中一种有效的方式。个性化阅读教学注重多媒体教学的应用，通过图片、视频、音频等多媒体手段，帮助学生更好地理解阅读材料和提高学习兴趣。在教学过程中，教师可以利用多媒体手段来呈现阅读材料，让阅读材料更加生动形象，同时也可以利用多媒体手段来展示阅读方法和技巧，帮助学生更好地理解和掌握。此外，教师也可以利用多媒体手段来组织教学活动，比如进行互动式教学、分组讨论等，从而更好地激发学生的学习兴趣和参与度。

四、教学评价

（一）形成性评价

形成性评价是一种在教学过程中进行的评价方式，通过观察、作业批改等方式，了解学生的学习情况和进度，以便及时调整教学策略。在个性化阅读教学中，这种方式尤其重要。教师通过观察学生的课堂表现、作业完成情况等，了解学生的学情和进度，从而及时调整教学计划和策略。这种评价方式注重过程，关注学生在学习过程中的点滴进步和变化，有利于促进学生的自主学习和个性化发展。

（二）终结性评价

终结性评价则是在教学过程结束后进行的评价方式，通常通过考试等方式进行，以检验学生的阅读和写作能力水平。在个性化阅读教学中，终结性评价同样重要。教师不仅注重过程评价，也重视结果评价。通过考试等方式，教师可以检验学生的阅读能力、写作能力等综合水平，从而更好地了解学生的整体发展状况。同时，根据学生的个体差异，教师还可以制定个性化的评价标准和方法，以满足不同学生的需求。

（三）个性化评价

个性化评价是根据学生的个体差异，制定个性化的评价标准和方法。每个学生都是独一无二的个体，他们的学习风格、兴趣爱好、思维方式等方面存在差异。因此，个性化阅读教学注重根据学生的个体差异制定个性化的评价标准和方法，鼓励学生发挥自己的优势和特长。这种评价方式关注学生的个体差异，有助于培养学生的自主学习能力和自信心，促进学生的个性化发展。同时，个性化评价也有助于教师更好地了解每个学生的学习状况和需求，从而更好地调整教学策略，提高教学效果。

第三节　初中语文多元智能教学理念

一、初中语文多元智能教学理念的概念

初中语文多元智能教学理念是指在语文教学过程中，教师根据学生个体差异和多元智能理论，通过多元化的教学方式和方法，激发学生的学习兴趣和潜能，促进学生的全面发展。该理念强调语文教学应该关注学生的不同智能特点，采用多种教学方式和方法，以适应不同学生的需求和特点。

在初中语文教学中，多元智能教学理念的核心概念主要包括以下几个方面。

1.关注个体差异

每个学生都有自己独特的智能特点，这是教学的起点。教师应认识到这一点，尊重学生间的差异，进而实施差异化教学，为学生提供更个性化的教学服务。针对不同的学生群体，教师可以设计不同层次、不同难度的课程内容，以便让所有学生都能有所收获。此外，教师应鼓励学生充分发挥自己的优势智能，发掘其潜力，使每个学生在自身基础上获得最大程度的提升。

2.多元教学方式

语文教学应注重多种教学方式的应用，包括讲授、讨论、演示、实践、评价等。教师可根据具体教学内容和学生的智能特点，灵活选择和组合教学方式。例如，对于需要深入理解的内容，教师可以采用讲授和讨论的方式；对于需要实践操作的内容，教师可以安排学生动手操作或进行角色扮演；对于需要记忆和理解的内容，教师可以采用演示和评价的方式，帮助学生巩固知识。多元化的教学方式不仅能激发学生的学习兴趣，还能促进学生对知识的理解和掌握。

3.培养学生的自主学习能力

多元智能教学理念强调培养学生的自主学习能力。教师应在教学中鼓励学生主动参与教学过程，发挥自己的优势智能，积极探索和解决问题。为了实现这一目标，教师应创造一个有利于学生自主学习的教学环境，激发学生的学习热情和兴趣。同时，教师还应引导学生学会自主规划学习进程，培养其自主思

考、自主解决问题的能力。此外，教师还应鼓励学生相互合作、交流，以促进彼此的进步和提高。

4.重视评价反馈

评价反馈是多元智能教学理念的重要组成部分。教师应根据学生的不同智能特点，采用不同的评价方式和方法，以便更全面地了解学生的学习情况。评价应包括对知识掌握程度的评价、对学习态度和方法的评价以及对个人潜力的评价。同时，教师还应及时给予学生反馈和建议，帮助学生发现自己的不足和潜力，为其提供改进和发展的方向。此外，教师还应鼓励学生自我评价和相互评价，培养学生的自我反思和自我管理能力。这种评价反馈机制有助于学生更好地认识自己，进而实现全面发展。

二、初中语文多元智能教学的目标

（一）培养学生的语言智能

初中语文是一门语言学科，它包括阅读、写作、口语交际等方面的内容。在教学中，教师要注重培养学生的语言智能，通过阅读、写作、口语交际等方面的训练，提高学生的语言表达能力、思维能力、交际能力等。具体而言，教师可以从以下几个方面入手。

1.增加阅读量

为了提高学生的阅读能力和语言素养，我们需要鼓励学生增加阅读量。阅读不仅可以帮助学生积累词汇、提高阅读理解能力，还可以拓宽学生的知识面，培养他们的思考能力和审美情趣。

具体来说，我们可以采取以下措施。

（1）鼓励学生多阅读课本中的文章。教材中的文章都是经过精心挑选的，具有很好的示范性和代表性。通过阅读这些文章，学生可以掌握基本的语法和词汇，提高阅读理解能力。

（2）推荐学生阅读课外书籍、报纸杂志等。教师可以向学生推荐一些适合他们年龄段的优秀读物，如小说、散文、科普文章等。此外，还可以鼓励学生订阅一些优秀的报纸杂志，如《中国青年报》《人民日报》等，这些报纸杂志的内容丰富、信息量大，可以帮助学生了解国内外时事和社会动态。

在实施过程中，需要注意以下几点。

（1）制订合理的阅读计划。为了确保学生的阅读效果，教师可以制订合理的阅读计划，如每周安排一定的阅读时间，定期检查学生的阅读进度和笔记等。

（2）给予适当的指导。学生在阅读过程中可能会遇到一些问题，如生词、难句等。因此，教师需要给予适当的指导，帮助学生解决这些问题，提高他们的阅读兴趣和阅读能力。

2.写作训练

写作是语言学习的重要组成部分，通过写作训练可以提高学生的语言表达能力和逻辑思维能力。教师可以布置一些写作任务，如写日记、周记、作文等，并给予学生适当的指导。

具体来说，可以采取以下措施。

（1）制定合理的写作任务。教师可以根据学生的实际情况和兴趣爱好，布置一些有趣的写作任务，如写一篇游记、讲述一个故事等。这些任务可以帮助学生提高写作技巧和表达能力。

（2）给予学生适当的指导。在写作过程中，教师需要给予学生适当的指导，如提供一些写作技巧和范文参考等。此外，教师还可以鼓励学生互相评价和交流，共同提高写作水平。

（3）定期检查学生的写作成果。教师可以定期检查学生的写作成果，给予反馈和指导，帮助学生发现自己的不足之处并加以改进。

在实施过程中，需要注意以下几点。

（1）注重写作的实用性。写作训练应该注重其实用性，让学生通过写作表达自己的想法和感受，提高他们的语言表达能力和思维能力。

（2）鼓励学生积极参与。写作训练需要学生的积极参与和配合，因此教师应该鼓励学生积极参与写作活动，并提供必要的支持和帮助。

3.口语交际

口语交际是语言学习的重要环节之一，通过鼓励学生多参与课堂讨论、演讲、辩论等活动，可以提高学生的口头表达能力、思维敏捷性和应对能力。

（1）创设口语交际的氛围和环境。教师可以在课堂上创设一种宽松、自由的氛围和环境，鼓励学生积极发言和表达自己的想法和观点。同时，教师还需要尊重学生的差异性和多样性，鼓励他们勇于尝试和表达自己的观点。

（2）提供口语交际的机会和平台。教师可以组织一些课堂讨论、演讲、辩论等活动，为学生提供口语交际的机会和平台。这些活动可以帮助学生提高口头表达能力、思维敏捷性和应对能力，同时也可以增强他们的自信心和自尊心。

（3）给予学生适当的支持和帮助。在学生参与口语交际活动时，教师需要给予学生适当的支持和帮助，如提供必要的指导和反馈等。同时，教师还需要关注学生的情感态度和价值观等方面的发展和提高。

（二）培养学生的多元智能

除了培养学生的语言智能，还要注重培养学生的其他多元智能，如数学-逻辑智能、空间智能、音乐智能、身体运动智能、人际智能和自我认知智能等。这些智能在学生的未来发展中都具有重要的作用。具体而言，教师可以从以下几个方面入手。

1.数学-逻辑智能

为了提高学生的数学-逻辑智能，教师可以设计一些数学应用题、逻辑推理题等，帮助学生通过解决实际问题来提高数学思维能力和解决问题的能力。通过这些练习，学生可以更好地理解数学概念，并培养他们的逻辑思维和推理能力。此外，教师还可以组织小组讨论和互动活动，鼓励学生互相交流和分享解题思路，以提高他们的沟通和协作能力。

2.空间智能

为了提高学生的空间智能，教师可以利用多媒体技术、绘画等方式，引导学生感知和描述空间关系。通过观察、绘画、制作模型等活动，学生可以更好地理解空间的概念，提高他们的空间感知能力和审美能力。教师还可以组织一些探索性的活动，如参观博物馆、科技馆等，让学生亲身感受空间的变化和美感，从而激发他们对空间的兴趣和热爱。

3.音乐智能

音乐智能是人类的自然天赋之一，它可以帮助学生发展创造力、情感表达和社交技能。为了激发学生的音乐潜能，教师可以组织一些音乐活动，如唱歌、舞蹈、乐器演奏等。通过这些活动，学生可以感受到音乐的节奏、旋律和情感，提高他们的音乐欣赏能力和创作能力。此外，教师还可以鼓励学生参与音乐团体或参加音乐比赛，以增强他们的自信心和团队合作能力。

4.身体运动智能

身体运动智能是人类的自然天赋之一，它可以帮助我们发展身体协调性、平衡感和运动技能。为了提高学生的身体运动智能，教师可以设计一些体育活动，如篮球、足球、跳绳等。这些活动不仅可以增强学生的身体素质，还可以培养他们的团队协作能力和竞争意识。通过参与体育活动，学生可以更好地理解团队合作的重要性，并学会在竞争中保持积极和友好的态度。

5.人际智能

人际智能是指与他人有效互动和建立人际关系的能力。为了提高学生的交际能力，教师可以鼓励学生多参与小组活动、合作学习等。通过小组讨论、角色扮演、辩论等活动，学生可以学会倾听、表达、理解和尊重他人的观点，从而提高他们的交际能力和团队协作能力。此外，教师还可以引导学生关注社交媒体上的互动行为和语言表达，以提高他们的口头和书面表达能力。

6.自我认知智能

自我认知智能是指个体认识和了解自己的能力。为了帮助学生认识自己的优点和不足，促进他们的自我成长和发展，教师可以引导学生进行自我反思、自我评价等活动。通过写日记、个人反思、心理测试等途径，学生可以更好地了解自己的情感、兴趣、价值观和潜力所在。此外，教师还可以组织一些团队项目和挑战性任务，让学生在完成任务的过程中了解自己的优点和不足，从而更好地规划自己的职业发展和人生道路。

（三）培养学生的自主学习能力

多元智能教学理念强调学生的自主学习能力。在教学中，教师要注重培养学生的自主学习能力，引导学生主动探究、思考、实践，提高学生的自主学习能力和解决问题的能力。具体而言，教师可以从以下几个方面入手。

1.激发学生的学习兴趣

为了激发学生的学习兴趣，教师需要关注学生的兴趣爱好和特长，根据学生的特点设计课堂教学活动。教师可以通过引入有趣的案例、使用生动的教学工具和手段，以及设计具有挑战性和探索性的问题，来激发学生的学习兴趣和好奇心。同时，教师还需要营造一个轻松、愉悦和积极的学习氛围，让学生感受到学习的乐趣和价值，从而更加积极主动地参与到课堂活动中。

2.给予学生足够的学习空间

给予学生足够的学习空间是激发学生学习兴趣的关键。教师需要给予学生足够的学习空间和时间，让学生有机会自己探索和解决问题。教师可以通过设计开放性的问题、提供多样化的学习资源、鼓励学生自主学习和合作学习等方式，让学生有更多的机会去尝试、探索和实践，从而培养他们的创新能力和解决问题的能力。

3.引导学生主动思考

教师需要鼓励学生主动思考问题、提出问题和解决问题，培养学生的思考能力和创新意识。教师可以通过启发式教学、案例分析、小组讨论等方式，引导学生积极参与思考，鼓励他们表达自己的观点和想法，培养他们的批判性思维和创造性思维。同时，教师还需要及时给予学生反馈和指导，帮助他们不断完善自己的思考能力和创新能力。

4.开展合作学习

合作学习是现代教育的一种重要形式，教师可以组织学生开展合作学习，让学生在小组内互相帮助、互相学习，共同进步。在合作学习中，学生可以互相交流、互相学习、互相借鉴，从而更好地掌握知识和技能。同时，合作学习还有助于培养学生的团队协作能力和沟通能力。为了更好地开展合作学习，教师可以为学生提供适当的引导和支持，如制定小组规则、分配任务、监督进度等。

5.给予及时的反馈和评价

及时的反馈和评价是促进学生学习进步的重要手段。教师需要及时给予学生反馈和评价，帮助他们了解自己的学习情况，发现自己的优点和不足。教师可以通过口头反馈、书面评价、成绩评定等方式，让学生更好地认识自己的学习成果和不足之处。同时，教师还需要给予学生积极的鼓励和肯定，帮助他们树立自信心，激发他们的学习动力。

三、初中语文多元智能教学的实施方法

（一）创设多元教学情境

在教学中，教师需要根据教学内容和学生的实际情况，创设多元教学情境，以激发学生的学习兴趣和积极性。具体而言，可以通过以下几种方式来实现。

1.多媒体教学

多媒体教学是一种非常有效的教学方法，它利用多媒体技术，通过图片、视频、音乐等手段，营造生动有趣的教学氛围，让学生在轻松愉悦的氛围中学到语文知识。这种教学方法可以激发学生的学习兴趣，提高他们的学习积极性，让他们更加主动地参与到教学中来。通过多媒体教学，学生可以更加直观地理解教学内容，加深对知识的理解和记忆，从而提高教学效果。

2.游戏教学

游戏教学是一种将教学内容融入游戏中的教学方法。这种方法可以让学生在游戏中学习，掌握知识，提高教学效果。通过游戏教学，学生可以在轻松愉快的氛围中学习，提高他们的学习兴趣和积极性，让他们更加主动地参与到教学中来。同时，游戏教学还可以培养学生的团队合作精神和竞争意识，让他们在游戏中得到更多的锻炼和成长。

3.角色扮演

角色扮演是一种让学生扮演不同的角色，通过角色体验和互动，加深对教学内容的理解和掌握的教学方法。这种方法可以让学生更加深入地了解教学内容，提高他们的学习兴趣和积极性，让他们更加主动地参与到教学中来。通过角色扮演，学生可以更好地理解角色的心理和行为，加深对教学内容的理解和掌握，同时也可以提高他们的语言表达能力和表演能力。

总之，多媒体教学、游戏教学和角色扮演都是非常有效的教学方法，可以帮助学生更好地理解和掌握语文知识，提高教学效果。

（二）开展多样化的教学活动

在教学中，教师需要注重开展多样化的教学活动，以锻炼学生的多元智能，提高他们的综合素质。具体而言，可以通过以下几种方式来实现。

1.小组讨论

小组讨论是一种非常有效的团队合作和语言表达能力锻炼方式。将学生分成不同的小组，让他们围绕某个主题进行讨论，可以帮助学生培养合作精神、沟通和解决问题的能力。在讨论过程中，学生需要相互倾听、表达自己的观点，并尊重他人的意见。这种讨论方式还可以帮助学生提高他们的批判性思维和创新能力，因为学生需要思考不同的解决方案并尝试找到最佳的答案。通过小组讨论，学生可以更好地理解团队合作的重要性，并学会如何在团队中发挥自己的优势。

2.辩论赛

辩论赛是一种非常锻炼逻辑思维能力、语言表达能力和临场应变能力的活动。组织学生参加辩论赛，让他们在不同的观点和立场之间进行交锋，可以提高他们的思维敏捷性和反应能力。在辩论过程中，学生需要仔细聆听对方的观点，理清自己的立场，并使用清晰、有力的语言表达自己的观点。同时，他们还需要在紧张的辩论环境中保持冷静和自信，以便在关键时刻发挥出色。通过辩论赛，学生可以更好地理解辩论的本质和技巧，并在未来的学习和生活中更好地应用这些技能。

3.演讲比赛

演讲比赛是一种非常锻炼语言组织能力、表达能力和自信心的方式。组织学生参加演讲比赛，让他们准备并发表演讲，可以帮助他们提高自己的公众演讲技能。在准备演讲的过程中，学生需要明确主题、梳理思路、设计结构和语言，这些过程可以锻炼他们的逻辑思维和表达能力。在演讲时，学生需要清晰、自信地表达自己的观点，同时还要注意语速、语调和肢体语言，以便给听众留下深刻的印象。通过演讲比赛，学生可以增强自信心和表现力，并在未来的学习和生活中更好地应用这些技能。

4.课本剧表演

课本剧表演是一种非常锻炼表演能力和创造力的方式。让学生根据教学内容自编自导自演课本剧，可以帮助他们提高自己的表演技巧和创造力。在课本剧表演中，学生需要扮演不同的角色，并根据剧情需要进行表演。这可以锻炼他们的肢体语言、面部表情和声音表现力，同时还可以培养他们的团队合作和组织能力。通过课本剧表演，学生可以更好地理解教学内容，并从中获得更多的乐趣和体验。此外，课本剧还可以作为一种教育工具，帮助学生更好地理解和感受故事中的主题和价值观。

（三）关注学生的个体差异

每个学生都是独一无二的，他们在性格、兴趣、学习能力等方面存在差异。教师作为学生的指导者和引路人，应该关注学生的个体差异，根据学生的特点和优势，因材施教，充分发挥每个学生的潜能。以下是一些具体的措施。

了解学生是因材施教的基础。教师需要深入了解每个学生的背景、兴趣、优点和不足，以及他们的学习方式和习惯。通过观察、交流、问卷调查等方式，教师可以获取更多的信息，以便更好地制订教学计划和设计教学活动。

因材施教是关键。根据学生的特点和优势，教师可以设计不同的教学方案和活动。例如，对于善于逻辑思维的学生，可以安排一些数学、物理等学科的练习题；对于喜欢艺术的学生，可以鼓励他们参与绘画、音乐等课外活动；对于内向的学生，可以安排一些小组讨论和互动环节，增强他们的自信心和表达能力。

教师需要关注学生的进步和成长，及时给予鼓励和支持。当学生取得进步时，教师要给予肯定和赞扬，增强他们的自信心和积极性。当学生遇到困难时，教师要给予指导和帮助，鼓励他们克服困难，继续前进。

培养特长也是因材施教的重要组成部分。教师需要注重培养学生的特长和兴趣爱好，鼓励他们发挥自己的优势和潜能。例如，对于喜欢音乐的学生，可以提供乐器和音乐教材；对于喜欢运动的学生，可以提供体育器材和训练计划。通过培养特长，学生可以发展自己的兴趣爱好，增强自信心和成就感，同时也可以为未来的职业发展打下基础。

关注学生的个体差异有助于促进学生的全面发展和综合素质的提高。每个学生都有自己的优点和潜力，通过关注他们的特点和优势，教师可以更好地发掘他们的潜能，帮助他们实现个性化发展。同时，这种关注也有助于建立良好的师生关系，增强学生的学习积极性和主动性。

第四章　初中语文阅读教学方法创新

第一节　初中语文阅读情境教学法

一、初中语文阅读情境教学法的概念

情境教学法是一种以情境创设为核心的教学方法，旨在通过生动、形象的情境来激发学生的学习兴趣，引导学生主动探究、思考和解决问题。在初中语文阅读教学中，情境教学法通过模拟真实的场景或创设特定的情境，将学生带入到文本所描述的情境中，从而更好地理解文本内容，提高阅读理解能力和语言表达能力。

二、初中语文阅读情境教学法的特点

（一）情境创设的真实性

情境教学法在初中语文阅读教学中有着重要的地位，它强调通过创设与现实生活相似的情境，帮助学生更好地理解和掌握阅读文本的内容和意义，提高他们的阅读理解能力和思维能力。为了实现这一目标，情境创设的真实性是非常关键的。

情境创设的真实性可以激发学生的学习兴趣和参与度。当教师所创设的情境与学生日常生活息息相关，能够引起学生的共鸣和兴趣，他们就会更加积极主动地参与到阅读教学中来。通过真实性的情境创设，学生可以更好地融入阅读文本的情境中，感受到身临其境的感觉，从而激发他们的好奇心和探索欲望。

情境创设的真实性可以提高学生对阅读文本的理解和掌握程度。当教师所创设的情境贴近现实生活，学生可以更好地理解文本中所描述的事物、情感和观点，从而加深对阅读文本的理解和记忆。同时，真实性的情境还可以帮助学

生更好地掌握阅读文本中的语言和表达方式，提高他们的语言运用能力和表达能力。

为了实现情境创设的真实性，教师需要充分了解学生的生活环境和兴趣爱好。每个学生的生活环境和兴趣爱好都是不同的，教师需要关注学生的个体差异，以便更好地创设符合学生实际需求的情境。教师可以通过与学生交流、观察学生的行为表现等方式，了解学生的兴趣爱好和关注点，从而更好地把握情境创设的方向和内容。

教师需要注意情境的细节，确保情境的真实性和可信度。一个真实性的情境不仅仅是一个表面的场景，还包括场景中的细节和人物的行为表现。教师需要仔细考虑场景中的各种细节，如环境、道具、人物服饰等，确保它们符合现实生活中的情况，让学生真正感受到情境的真实性。同时，教师还需要关注人物的行为表现，确保它们符合逻辑和常理，从而增强情境的真实性和可信度。

（二）学生的主体性

情境教学法是一种非常有效的教学方法，它强调学生的主体性，即学生在情境中要主动探究、思考和表达，教师只是起到引导和辅助的作用。这种教学方法能够激发学生的学习兴趣和好奇心，提高他们的思维能力和表达能力，同时也可以让学生在实践中学习和掌握知识。

为了实现学生的主体性，教师在设计情境活动时需要注重趣味性，以激发学生的兴趣和好奇心。有趣味的情境活动能够吸引学生的注意力，让他们积极主动地参与到活动中来。同时，教师还需要给予学生充分的思考和表达空间，让他们在思考和表达中锻炼自己的思维能力和表达能力。教师还可以通过设计多样化的情境活动，让学生在不同的情境中锻炼自己的能力和技能。

除了趣味性，教师还需要注重情境的真实性和实用性。真实的情境能够让学生更好地理解和掌握知识，而实用的情境则能够让学生将所学知识应用到实际生活中去。教师可以通过与实际生活相关的情境活动，让学生更好地理解和掌握知识，同时也可以让他们感受到所学知识的实际意义和应用价值。

在情境教学中，教师还需要注重学生的个体差异和个性化发展。每个学生的学习能力和兴趣爱好都是不同的，因此教师在设计情境活动时需要考虑到学生的个体差异，为他们提供不同的机会和挑战。同时，教师还需要注重学生的个性化发展，为他们提供多样化的学习资源和机会，让他们在情境中展现自己的个性和特长。

（三）情境的多样性

在初中语文阅读教学中，情境的多样性是非常重要的，因为不同类型的阅读文本需要不同的情境来激发学生的学习兴趣和参与度。以下是一些关于如何创设多样化的情境的建议。

1.理解文本特点

为了创设符合不同类型的阅读文本的情境，教师需要深入了解各种文本的特点和教学需求。例如，诗歌需要创设充满诗意的情境，帮助学生更好地理解诗歌的主题和情感；小说则需要创设与故事情节紧密相关的情境，以帮助学生更好地理解故事情节和人物形象。

2.结合学生的年龄和兴趣

教师需要了解学生的年龄特点和兴趣爱好，以便更好地吸引学生的注意力。例如，初中生通常对故事情节和人物形象感兴趣，因此教师可以尝试创设与故事情节和人物形象相关的情境，以激发学生的学习兴趣和参与度。

3.创新情境创设方法

教师需要不断尝试新的情境创设方法和技术，以保持情境的新鲜感和吸引力。例如，可以利用多媒体技术来创设生动有趣的情境，也可以利用角色扮演、小组讨论等方式来帮助学生更好地理解和体验文本。

4.多样性和连贯性相结合

在创设情境时，教师需要注意情境的多样性和连贯性相结合。即，教师需要为不同类型的阅读文本创设不同的情境，同时这些情境之间也需要有一定的联系和连贯性，以帮助学生更好地理解和体验整个文本。

5.注重学生的情感体验

情境的创设不仅仅是帮助学生理解文本，更重要的是要激发学生的情感体验。教师可以通过创设与文本情感相符合的情境，来帮助学生更好地理解文本的情感内涵，并激发他们的情感共鸣。

三、初中语文阅读情境教学法的实施步骤

（一）创设情境

在课堂教学中，创设情境是非常重要的一步，因为情境能够将学生带入到特定的学习氛围中，激发学生的学习兴趣和好奇心。教师需要根据教学内容和目标，选择合适的情境创设方法，如故事、图片、视频等，以帮助学生更好地理解和掌握知识。

例如，在讲解历史事件时，教师可以利用图片和视频展示历史场景，让学生通过视觉感知了解历史背景和事件发生的原因。这种方式能够将学生带入到特定的历史情境中，更好地理解历史事件和背景。此外，教师还可以利用故事、故事情节、案例等方式来创设情境。这些情境能够吸引学生的注意力，激发学生的学习兴趣和好奇心，同时帮助学生更好地理解知识。

除了选择合适的情境创设方法，教师还需要注意情境创设的合理性和有效性。教师需要确保所创设的情境与教学内容和目标紧密相关，能够帮助学生更好地理解和掌握知识。同时，教师还需要注意情境的难度和深度，确保情境能够适应学生的认知水平和学习能力。

（二）引导学生探究

在教育领域中，引导学生探究是一种非常重要的教学方法。通过引导学生探究，学生可以主动地思考、探究和表达，从而更好地理解和掌握知识。同时，教师作为引导者，需要给予必要的帮助和指导，以确保学生能够顺利地进行探究活动。

在情境中，学生需要主动探究、思考和表达，这是非常重要的。教师作为引导者，需要给予必要的帮助和指导，帮助学生更好地理解文本内容。教师可以通过提问、讨论、小组合作等方式，引导学生思考和探究。例如，教师可以提出一些开放性问题，引导学生思考和表达自己的理解和感受。同时，教师还需要注意学生的个体差异和能力水平，根据学生的实际情况进行引导和帮助。

在引导学生探究的过程中，教师需要关注学生的表现和反应，及时给予反馈和指导。如果学生在探究过程中遇到了困难或问题，教师需要及时给予帮助和指导，帮助学生解决问题并鼓励他们继续探究。同时，教师还需要注意学生

的情感态度和价值观，引导学生树立正确的价值观和人生观。

除了提问、讨论、小组合作等方式，教师还可以采用其他方法来引导学生探究。例如，教师可以利用多媒体资源来呈现文本内容，引导学生观察、分析和思考。教师还可以组织实践活动，让学生通过亲身经历来探究文本内容，从而更好地理解和掌握知识。

在引导学生探究的过程中，教师还需要注意培养学生的创新意识和创新能力。鼓励学生提出自己的见解和想法，培养学生的批判性思维和创新能力。同时，教师还需要注重培养学生的合作意识和合作能力，引导学生学会与他人合作和交流，共同解决问题和提高能力。

（三）交流讨论

交流讨论是教学过程中非常重要的一个环节，它不仅可以帮助学生分享自己的理解和感受，还可以通过相互学习、相互启发，达到共同进步的目的。对于学生来说，交流讨论不仅是一种学习方式，更是一种自我成长的过程。

交流讨论有助于提高学生的思考能力和表达能力。在交流讨论中，学生可以表达自己的观点和看法，倾听他人的意见和建议，从而锻炼自己的思维能力和表达能力。通过这种方式，学生可以更好地理解和掌握知识，提高自己的学习效果。

交流讨论可以帮助学生相互学习、相互启发。每个学生都有自己的优点和不足，通过交流讨论，学生可以相互学习对方的优点，弥补自己的不足。同时，学生还可以从他人的经验中受到启发，找到新的思路和方法，从而拓宽自己的视野和思路。

教师作用也非常重要。在交流讨论中，教师需要扮演好引导者和指导者的角色，给予学生适当的点评和指导。通过点评和指导，教师可以帮助学生更好地认识自己的优点和不足，同时也可以及时发现和解决教学中存在的问题和不足。这样不仅可以提高学生的学习效果，还可以优化教学策略和方法，提高教学质量。

教师可以通过交流讨论了解学生的学情和需求。通过观察学生在交流讨论中的表现和反应，教师可以更好地了解学生的知识掌握程度、兴趣爱好、学习困难等信息。这些信息可以帮助教师更好地制订教学计划和方案，满足学生的个性化需求，提高学生的学习积极性和主动性。

（四）总结反思

作为一名教师，教学过程总结和反思是非常关键的环节。通过不断总结反思，教师可以不断优化教学方法和策略，提高教学效果和质量，同时也能更好地了解学生的学习情况和需求。

教师需要认真分析教学过程和学生的表现，总结教学中的优点和不足。在总结反思中，我们需要客观地分析教学过程中存在的问题和不足，找到问题的根源，提出针对性的改进措施和建议。同时，我们也需要关注教学中的成功经验和有效方法，将这些经验和方法运用到未来的教学中，不断优化自己的教学能力和水平。

教师需要注重反思的全面性和客观性。反思不仅是对教学过程中存在的问题和不足进行总结和分析，更是对教学过程中的成功经验和有效方法进行总结和归纳。在反思过程中，我们需要认真分析学生的学习情况和需求，关注学生的情感、态度和价值观等方面的表现，注重对学生综合素养的培养和提高。同时，我们也需要从多角度、多维度、多层面进行分析和反思，确保反思的全面性和客观性。

在教学方法和策略方面，我们需要根据学生的学习情况和需求不断优化情境创设方法和教学策略。情境创设是教学中非常重要的一个环节，好的情境创设能够激发学生的学习兴趣和积极性，提高教学效果和质量。因此，我们需要认真分析学生的学习情况和需求，结合教学内容和目标，创设出符合学生实际的教学情境。同时，我们也需要不断探索新的教学策略和方法，尝试不同的教学组织形式和教学手段，不断提高自己的教学能力和水平。

教师需要注重与学生之间的沟通和交流。在教学过程中，与学生之间的沟通和交流是非常重要的环节。我们需要认真听取学生的意见和建议，关注学生的情感和需求，及时调整自己的教学方法和策略。同时，我们也需要给予学生足够的支持和帮助，引导学生积极参与教学过程，提高学生的自信心和学习兴趣。

四、初中语文阅读情境教学法的应用效果

（一）提高学生的学习兴趣和积极性

学习兴趣和积极性对于学生的学习非常重要，它们是学生自主学习的驱动力。通过多种方法，教师可以在教学过程中激发学生的学习兴趣和积极性，从而提高学生的学习动力。以下是几种常用的方法。

1.创设生动、形象的情境

教师可以通过创设生动、形象的情境，激发学生的学习兴趣和积极性。教师可以使用图片、视频、实物等多媒体手段，以及角色扮演、游戏等方式，让学生更加真实地感受到学习的乐趣。这种方式能够让学生在轻松、愉快的环境中学习，从而提高他们的学习动力。

2.结合实际生活

教师可以将教学内容与实际生活相结合，让学生感到学习与生活息息相关。通过这种方式，学生可以更好地理解所学知识，并产生学习的兴趣和积极性。

3.运用多种教学方法

教师可以采用多种教学方法，如讲解、讨论、演示、实践等，以激发学生的学习兴趣和积极性。例如，教师可以组织小组讨论，让学生积极参与讨论，从而激发他们的思考能力和表达能力；教师还可以通过演示一些有趣的实验或操作，让学生亲身体验学习的乐趣。

4.给予学生积极的反馈

教师对学生的表现给予积极的反馈，可以增强学生的自信心和学习动力。教师可以通过口头表扬、奖励等方式，让学生感到自己的努力得到了认可和赞赏，从而激发他们的学习兴趣和积极性。

5.鼓励自主学习

教师可以通过引导学生自主学习，让他们成为学习的主体。教师可以通过布置一些开放性的任务或问题，让学生通过查阅资料、小组讨论等方式自主寻找答案。这种方式可以培养学生的自主探究能力和自主思考能力，从而激发他们的学习兴趣和积极性。

6.创造良好的学习环境

教师需要创造一个良好的学习环境，让学生感到舒适、安全和愉悦。教师需要关注学生的情感需求，尊重学生的个性差异，给予学生足够的支持和帮助。同时，教师还需要注重课堂纪律和秩序，营造一个积极向上的学习氛围。

（二）提高学生的阅读理解能力和语言表达能力

提高学生的阅读理解能力和语言表达能力是一个重要且关键的目标，需要教师在教学策略上进行深思熟虑和精心设计。通过情境教学，我们可以为学生创造一个真实、生动的学习环境，帮助他们更好地理解和运用语言。

情境教学能够帮助学生更好地理解文本内容，从而提高他们的阅读理解能力。在传统的阅读教学中，学生往往只是被动地接收信息，而情境教学则强调学生的参与和互动。教师可以通过设置与文本内容相关的真实情境，引导学生进入角色，使他们能够身临其境地理解文本。这种方式能够激发学生的学习兴趣，促使他们主动思考和探索，从而加深对文本的理解。

情境教学有助于提高学生的语言表达能力。在真实的语境中，学生有机会表达自己的理解和感受，锻炼他们的口语和书面表达能力。教师可以通过设计互动性的任务和活动，鼓励学生分享他们的观点和感受，引导他们运用所学语言知识进行表达。这种方式能够帮助学生积累词汇和语法知识，提高他们的口语和书面表达能力。

情境教学的一大优势在于它能够让学生在真实的语境中学习语言，加深他们对语言的理解和运用能力。通过参与各种情境活动，学生可以逐渐掌握语言的实际运用方式，并学会在不同的语境中使用恰当的语言表达自己的意思。这种学习方式不仅有助于提高学生的阅读和写作水平，还能够培养他们的语言交际能力，使他们能够在日常生活中自信地运用所学语言知识。

为了实现这一目标，教师需要精心设计情境教学活动。例如，教师可以利用多媒体资源创设情境，引导学生进入角色；也可以组织小组讨论和互动游戏，鼓励学生表达自己的观点和感受。此外，教师还可以利用现实生活中的情境，引导学生将所学知识运用到实际生活中。

（三）促进学生的主动学习和探究

情境教学法是一种注重学生主体性和主动探究的教学方法，它旨在培养学生的自主学习能力和探究精神，使学生在情境中发现问题、解决问题，从而培养他们的创新精神和创新能力。在现代教育中，情境教学法已经成为一种备受推崇的教学方法，被广泛应用于各个学科的教学中。

情境教学法的核心是学生主体性。在教学过程中，教师需要尊重学生的主体地位，发挥学生的主动性，让学生成为学习的主人。通过引导学生主动参与、积极思考、自主探究，让学生在情境中发现问题、解决问题，从而培养他们的自主学习能力和探究精神。这样的教学方式能够激发学生的学习兴趣和积极性，提高他们的学习效果和自信心。

情境教学法强调主动探究。在传统的教学中，教师常常是知识的传授者，而学生则是被动的接受者。而在情境教学法中，教师需要引导学生主动探究问题，让学生自己寻找答案。这种探究式的学习方式能够培养学生的创新精神和解决问题的能力，让他们学会自主思考、解决问题，从而更好地适应未来的社会发展。

除此之外，情境教学法还能够培养学生的合作精神和团队协作能力。在情境教学中，学生需要相互合作、相互帮助，共同完成学习任务。这种合作式的学习方式能够培养学生的团队意识和协作精神，让他们学会与人沟通、交流、合作，从而更好地适应未来的社会生活。

（四）提高教学效果和质量

情境教学法是一种广泛应用于教育教学领域的教学方法，它通过创设与教学内容相关的情境，让学生在生动、有趣、真实的情境中学习，从而激发学生的学习兴趣和积极性，促进学生的主动学习和探究，提高教学效果和质量。以下是情境教学法在提高教学效果和质量方面的几个优点。

1.提高学生学习的兴趣和积极性

情境教学法是一种有效的教学方法，它通过创设与教学内容相关的情境，让学生置身于一个生动、有趣、真实的情境中，从而激发学生的学习兴趣和积极性。通过情境教学，学生可以更好地理解和掌握所学知识，同时也可以增强学生的学习动机和自信心，从而更加积极主动地参与到学习中去。具体来说，情境教学可以通过以下方式实现。

（1）创设生动的教学情境：教师可以通过多媒体、实物展示、角色扮演等方式，将教学内容与实际情境相结合，让学生更加直观地了解所学知识。

（2）营造有趣的教学氛围：教师可以通过游戏、竞赛、小组讨论等方式，让学生在轻松愉快的氛围中学习，从而激发他们的学习兴趣和积极性。

（3）注重学生的情感体验：情境教学要关注学生的情感体验，让学生感受到学习的乐趣和成就感，从而增强他们的自信心和自尊心。

通过情境教学，学生可以更好地理解和掌握所学知识，同时也可以增强他们的实践能力和创新意识。因此，情境教学法是一种非常有效的教学方法，可以提高教学效果和质量。

2.促进学生的主动学习和探究

情境教学法鼓励学生主动参与、主动探究、主动思考，让学生在情境中发现问题、解决问题，从而加深对所学知识的理解和掌握。情境教学法的实施可以促进学生的主动学习和探究，具体来说可以通过以下方式实现。

（1）创设问题情境：教师可以通过提出问题、设置悬念等方式，引导学生主动思考和探究，激发他们的求知欲和好奇心。

（2）组织小组讨论：教师可以通过小组讨论的方式，让学生相互交流、相互启发，从而加深对所学知识的理解和掌握。

（3）鼓励实践探究：教师可以通过实践活动的方式，让学生动手操作、亲身体验，从而增强他们的实践能力和创新意识。

通过情境教学法的实施，学生可以更加深入地了解所学知识在实际中的应用，同时也可以培养他们的团队协作能力和沟通能力。

3.提高教学效果和质量

情境教学法通过创设与教学内容相关的情境，可以让学生更加专注于教学内容，从而提高学习效率。同时，情境教学也可以增强师生之间的互动和交流，促进教学效果的改善。通过情境教学，教师可以更好地了解学生的学习情况、需求和困难，从而调整教学策略和方法，提高教学效果和质量。此外，情境教学法还可以促进学生的个性化发展，让每个学生都能够得到适合自己的教学方式和学习机会。因此，情境教学法是一种非常有效的教学方法，可以提高教学效果和质量。

第二节　初中语文阅读合作学习法

一、初中语文阅读合作学习的意义

初中语文阅读合作学习是一种有效的教学方式，它能够帮助学生提高阅读理解能力、增强团队合作意识、培养自主学习能力。在合作学习中，学生可以通过交流、讨论、合作等方式，共同完成阅读任务，从而加深对文章的理解和掌握。

合作学习可以激发学生的学习兴趣。在传统的阅读教学中，学生往往处于被动接受知识的状态，缺乏主动参与和思考的机会。而合作学习为学生提供了一个轻松、愉悦的学习氛围，鼓励学生主动参与、积极思考，从而激发他们的学习兴趣和热情。

合作学习可以提高学生的学习效率。在小组合作学习中，学生可以通过交流、讨论等方式，相互启发、共同探究，从而更好地理解和掌握文章内容。这种学习方式能够提高学生的学习效率，使他们更好地掌握阅读技巧和方法。

合作学习还可以培养学生的合作意识和团队精神。在合作学习中，学生需要相互合作、相互支持，共同完成阅读任务。这种合作意识和团队精神的培养，对于学生的未来发展具有重要的意义。

二、初中语文阅读合作学习的实施步骤

（一）确定阅读材料和教学目标

确定阅读材料和教学目标是实施合作学习的关键步骤之一。在选择阅读材料时，教师需要考虑到学生的阅读水平和兴趣爱好，确保所选材料能够激发学生的阅读兴趣和动力。同时，阅读材料应该具有启发性、趣味性和实用性，能

够帮助学生更好地理解和应用所学知识。

具体而言，教师可以考虑以下几个方面来选择合适的阅读材料。

适合学生年龄和水平的书籍、文章或报告。教师可以选择与课程内容相关的阅读材料，也可以选择一些有趣的、具有挑战性的阅读材料，以激发学生的好奇心和求知欲。

阅读材料应该具有丰富的图片、图表和插图等视觉元素，以帮助学生更好地理解和记忆阅读内容。

阅读材料应该具有适当的难度和深度，以适应不同学生的学习能力和兴趣爱好。教师可以选择一些具有挑战性的阅读材料，以激励学生积极思考和探索，同时也应该提供一些相对容易的阅读材料，以满足那些阅读能力较弱学生的需求。

明确教学目标也是实施合作学习的重要组成部分。教师需要制定具体、明确的教学目标，以便指导学生学习的过程，帮助他们逐步达到预期的教学效果。这些目标应该包括知识、技能和态度等方面的目标，以确保学生能够全面发展。

以下是一些可能的教学目标示例。

学生能够理解阅读材料的主题和主要内容，并能够用自己的话描述和理解其中的关键概念和信息。

学生能够分析阅读材料的结构和组织方式，并能够识别其中的重要信息点。

学生能够应用所学知识解决与阅读材料相关的问题或案例，并能够与他人合作讨论和交流自己的观点和想法。

学生能够从阅读材料中获得启发，并能够将其应用于自己的生活和学习中。

在制定教学目标时，教师还应该考虑到学生的个体差异，因材施教，确保每个学生在合作学习中都能够得到发展和提高。教师可以通过设置不同的学习任务和挑战，为不同层次的学生提供适当的支持和指导，帮助他们逐步达到预期的教学效果。

（二）划分合作学习小组

在教育领域中，合作学习是一种非常有效的教学方法，它能够促进学生的团队协作能力、沟通能力和解决问题的能力。为了更好地开展合作学习，我们需要根据学生的知识水平、兴趣爱好、性格特点等因素，将学生划分为若干个合作小组。

在划分合作小组的过程中，有几个关键因素需要考虑。首先，每个小组的人数应该适中，通常在5～8人之间。这样既能保证每个人都有机会参与讨论和交流，又不会因为人数过多导致小组内部分工不均或资源浪费。其次，教师需要注重小组内成员的搭配，使每个小组都能够形成良好的互动和合作关系。教师应该根据学生的知识水平、兴趣爱好、性格特点等因素进行搭配，使每个小组都有不同类型的学生，以便于他们能够互相学习、互相帮助、共同进步。

除了以上两个因素，教师还应该充分考虑学生的个体差异，确保每个小组都能够充分发挥各自的优势和特长。例如，有些学生可能擅长组织和管理，可以担任小组的组长或领导者；有些学生可能思维敏捷、表达能力强，可以担任小组的发言人；还有些学生可能善于倾听和思考，可以担任小组的记录员等。通过合理的搭配，可以使每个小组的成员都能够发挥自己的特长，为小组的共同目标贡献力量。

除了小组内的搭配，教师还应该鼓励小组成员之间互相帮助、共同进步，形成良好的团队合作精神。在合作学习中，团队精神是非常重要的，只有当小组成员之间能够相互信任、相互支持、共同奋斗时，才能取得更好的学习效果。教师可以引导小组成员之间互相帮助，分享自己的知识和经验，共同解决学习中的难题。同时，教师还应该鼓励小组成员之间建立良好的沟通和互动关系，以便于他们能够更好地协作和配合。

除了以上几点，教师还应该为每个合作小组提供适当的资源和支持。例如，教师可以为每个小组提供相关的书籍、资料和器材等，以便于他们更好地开展合作学习。同时，教师还应该给予每个小组适当的指导和帮助，帮助他们解决学习中的难题和困惑。

（三）分配阅读任务和角色

在小组合作学习中，教师分配阅读任务和角色是非常重要的。通过合理的角色分配，学生可以更好地参与到合作学习中，并从中获得更多的收获。以下是一些建议，帮助教师根据学生的特长和兴趣分配不同的阅读任务和角色。

1.组长

组长是小组的核心人物，负责组织和管理小组的学习活动。教师可以根据学生的领导能力和组织能力来分配给某个学生。组长需要确保小组的阅读任务按时完成，并且能够有效地协调组员之间的合作。

2.记录员

记录员负责记录小组的讨论和研究成果。教师可以根据学生的写作能力和细心程度来分配给某个学生。记录员需要认真记录小组的讨论内容，以便于在后续的汇报和展示中提供准确的信息。

3.发言人

发言人是小组的代表，负责向全班展示小组的学习成果。教师可以根据学生的口头表达能力和自信心来分配给某个学生。发言人需要清晰地表达小组的观点，并且能够与其他小组进行有效的交流和互动。

除了上述角色，教师还可以根据学生的实际情况分配其他角色，如小组协调员、计时员等。教师需要确保每个学生都能够得到全面的锻炼和提高，并鼓励他们积极参与合作学习活动。为了实现这一目标，教师还应该注意以下几点。

1.合理分配角色

教师需要根据学生的特长和兴趣进行合理的角色分配，确保每个学生都能够得到合适的角色。同时，教师还应该给予学生一定的自由，让他们自主选择适合自己的角色。

2.给予适当的指导和帮助

教师需要给予学生适当的指导和帮助，确保他们能够顺利完成阅读任务和角色分配。教师可以通过讲解阅读材料、提供背景知识、提供反馈等方式来帮助学生更好地理解阅读材料并提高他们的阅读能力。

3.确保公平公正

教师需要确保角色分配的公平性和公正性，避免出现偏袒或歧视的情况。教师应该关注每个学生的需求和能力，确保每个学生都能够得到合适的角色和机会，从而获得全面的锻炼和提高。

（四）开展合作学习活动

1.分组与准备

在组织学生进行小组活动之前，教师需要对学生进行适当的分组。分组的目的在于为学生提供一个多样化的学习环境，让他们从不同的背景和经验出发，以更全面和深入地理解和解决问题。为了实现这一目标，教师需要充分考虑学生的兴趣、能力、背景和性格等因素，确保每个小组都有来自不同背景和经验的学生。

分组完成后，教师还需要为学生提供明确的阅读材料和任务，让学生了解活动的目的和要求。教师需要确保阅读材料的选择符合学生的年龄和认知水平，并能够激发他们的兴趣和好奇心。同时，教师需要确保任务的设计具有挑战性和实用性，能够引导学生深入思考和探索。

2.引导与讨论

在小组讨论过程中，教师需要扮演引导者和促进者的角色。教师需要引导学生从不同的角度思考问题，鼓励他们发表自己的见解和看法。为了实现这一目标，教师可以通过提问、提示和提供相关资料等方式，帮助学生深入挖掘阅读材料，激发他们的创新思维。

同时，教师需要密切关注每个小组的讨论情况，确保讨论能够按照预定的时间和节奏进行。教师需要及时发现问题和困难，并给予适当的指导和支持，帮助学生克服困难，确保讨论的顺利进行。

3.互动与合作

小组活动强调学生之间的互动和合作。在小组活动中，学生需要互相倾听、互相尊重、互相帮助，形成良好的互动氛围。为了实现这一目标，教师可以通过设置小组任务、分配角色等方式，鼓励学生积极参与、互相协作，共同解决问题。同时，教师还需要关注学生的情感和态度，及时给予支持和鼓励，帮助他们建立自信心和团队合作精神。

教师还可以组织一些团队建设活动，如小组竞赛、团队报告等，以加强学生之间的合作和互动，培养他们的集体意识和协作精神。

4.反馈与指导

活动结束后，教师需要及时给予反馈和指导。反馈是帮助学生更好地理解阅读材料和解决问题的重要手段。教师可以通过个别交流、小组讨论或全班展示等方式，了解学生的理解和掌握情况，并给予针对性的指导和建议。

同时，教师还需要关注学生的进步和成长，鼓励他们在今后的学习中继续发扬合作精神，不断提高自己的综合素质。此外，教师还可以组织一些反思活动，引导学生回顾和总结小组活动的经验和教训，帮助他们更好地认识自己的优点和不足，从而不断提高自己的学习能力和综合素质。

三、初中语文阅读合作学习的方法与技巧

（一）合理分组，确保小组内成员的多样性

合理分组对于提高小组合作学习效果是非常重要的。通过合理分组，可以确保小组内成员的多样性，激发学生的学习热情和兴趣，促进他们之间的交流和合作。

教师需要根据学生的知识水平进行合理分组。每个小组内的学生可以来自不同的知识水平层次，这样可以让学生在小组内互相帮助、互相学习，共同进步。这样可以使学生能够充分利用彼此的优势，取长补短，提高学习效率。同时，教师还可以根据学生的知识掌握情况，定期调整小组的成员，以确保每个小组内的成员都能够保持一定的知识水平差异，从而保持小组的活力。

教师可以根据学生的兴趣爱好进行分组。这样可以让学生更加积极主动地参与到小组学习中来，因为兴趣是最好的老师，当学生对于某个话题或主题感兴趣时，他们会更愿意投入时间和精力去学习和探索。通过兴趣分组，学生可以在小组内共同探讨感兴趣的话题，分享彼此的经验和知识，从而加深对相关领域的知识理解。

除了知识水平和兴趣爱好的考虑，教师还可以考虑学生的性格特点、沟通能力等因素进行分组。这样可以确保小组内的成员能够互相尊重、互相支持，形成良好的团队氛围。在小组合作过程中，良好的团队氛围可以激励学生积极参与、表达自己的观点和意见，从而促进小组成员之间的交流和合作。

通过合理分组，学生可以在小组内互相交流、互相学习，共同探讨问题，从而更好地掌握知识、提高自己的能力。这种分组方式还可以培养学生的团队协作精神和沟通能力，帮助他们建立良好的人际关系，为未来的学习和工作打下坚实的基础。

除此之外，合理分组还可以促进教师与学生之间的互动和沟通。教师可以通过观察小组合作过程中的表现，及时了解学生的学习情况和需求，从而调整教学策略和方法，更好地指导学生学习。同时，教师还可以从小组合作中获得反馈和建议，以便改进教学方法和手段，提高教学效果。

（二）精心设计问题，引导学生深入思考

在小组合作学习中，教师精心设计问题引导学生深入思考是非常重要的。通过问题，学生可以更好地理解文章内容和思想内涵，同时也可以激发他们的思维能力和创造力。以下是一些建议，帮助教师设计更有效的问题。

1.开放性问题

这类问题鼓励学生从多个角度思考问题，从不同的角度探索答案。这样可以引导学生从多个维度理解文章的主旨和思想，促进他们对文章的深入思考。例如，“如果你是主人公，你会怎么做？”这个问题可以引发学生对文章主题的思考和讨论。

2.探究性问题

这类问题鼓励学生自主探究、发现问题、解决问题等。这些问题可以激发学生的好奇心和探索精神，促使他们积极思考并寻找答案。例如，“阅读这篇文章后，你有什么发现？”这个问题可以引导学生发现文章中的细节和隐含意义，培养他们的观察力和分析能力。

3.结合实际的问题

这类问题鼓励学生将文章内容与现实生活联系起来，从而更好地理解文章的主题和思想。这些问题可以帮助学生将所学知识应用到实际生活中，提高他们的思维能力和解决问题的能力。例如，“在现实生活中，你遇到过类似的情况吗？你会怎么做？”这个问题可以引导学生将文章内容与实际生活相结合，促进他们对文章的理解和思考。

除了以上三种类型的问题，教师还可以根据具体情况设计其他类型的问题，如选择题、填空题等。但是，无论设计哪种类型的问题，教师都应该确保问题与阅读材料密切相关，具有针对性和启发性。这样，学生才能更好地理解文章内容和思想内涵，同时也可以激发他们的思维能力和创造力。

除此之外，教师还可以采取多种教学方法来促进学生的深入思考，如小组讨论、案例分析、角色扮演等。通过多种教学方法的结合运用，可以更好地激发学生的学习兴趣和热情，促进他们积极参与小组合作学习，不断提升自己的思维能力和创造力。

（三）注重培养学生的学习能力和思考能力

注重培养学生的学习能力和思考能力是当前教育领域中非常重要的一个方面。在小组合作学习中，教师可以通过以下方法来培养学生的学习能力和思考能力。

1.引导学生自主探究

在教育过程中，引导学生自主探究是一种非常有效的教学方法。教师可以通过设置一些开放性的问题，引导学生自主探究，让他们通过自己的努力去寻找答案。这样可以培养学生的自主思考能力和解决问题的能力，同时也可以激发他们的学习兴趣。通过自主探究，学生可以更加深入地了解知识，并且能够更好地将知识应用到实际生活中。

2.发现问题、解决问题

在小组合作学习中，教师需要引导学生发现问题、解决问题。教师可以通过设置一些具有挑战性的任务，让学生在完成任务的过程中发现问题、解决问题。这样可以培养学生的思维能力和解决问题的能力，同时也可以提高他们的学习效果。通过这样的教学方式，学生可以在解决问题的过程中不断成长，并且更好地掌握知识。

3.鼓励学生积极参与讨论和交流

在小组合作学习中，学生之间的交流和讨论是非常重要的。通过相互交流，学生可以学到更多的知识和技能，同时也可以培养他们的沟通能力和合作精神。因此，教师需要鼓励学生积极参与讨论和交流，让他们学会倾听他人的意见和建议，尊重他人的观点。这样不仅可以促进学生的个人发展，还可以增强班级的凝聚力和团结精神。

4.组织实践活动

组织实践活动是一种非常有效的教学方法，可以让学生在实践中锻炼自己的学习能力和思考能力。教师可以组织一些阅读比赛、写作比赛、演讲比赛等活动，让学生在比赛中锻炼自己的表达能力和思维能力。此外，教师还可以组织一些社会实践活动，让学生了解社会、了解生活，增强他们的社会责任感和学学习兴趣。通过实践活动，学生可以更好地将理论知识应用到实际生活中，并且可以更好地掌握知识和技能。同时，实践活动还可以培养学生的实践能力和创新精神，为他们未来的发展打下坚实的基础。

第三节　初中语文阅读翻转课堂教学法

一、翻转课堂简介

翻转课堂是一种新型的教学模式，它将传统的课堂教学结构翻转过来，让学生在课前预习课文，课堂上进行深入的讨论和交流。在初中语文阅读教学中，翻转课堂可以帮助学生更好地理解课文，提高阅读能力和语言表达能力。

二、教学流程

（一）课前预习

课前预习在学生的学习过程中起着非常重要的作用。通过课前预习，学生可以在上课前对即将学习的内容有一个初步的了解和认识，从而更好地理解和掌握所学知识。

课前预习有助于提高学生的自主学习能力。通过预习，学生可以主动地探索新知识，培养自己的思考能力和解决问题的能力。在预习过程中，学生需要运用自己的知识和经验来理解新的知识，这有助于提高学生的认知水平和思考能力。

课前预习有助于提高学生的课堂参与度。通过预习，学生可以对所学内容有更深入的了解，从而更容易地理解和掌握课堂上的内容。这不仅可以帮助学生更好地参与课堂活动，还有助于提高他们的学习兴趣和学习动力。

那么，如何进行课前预习呢？首先，教师可以制作一些视频、文档等教学资源，上传到班级微信群、QQ 群等平台，供学生预习使用。这些资源应该包括课文的背景资料、生字词、重点段落等内容，以便学生了解课文的大致内容和重点知识点。

学生在预习过程中，可以通过观看视频、查阅资料、完成作业等方式，对课文有初步的了解和认识。例如，学生可以通过观看视频了解课文的背景和主要内容，通过查阅资料掌握一些基础知识，如生字词和重点段落等。同时，学生还可以通过完成作业来检验自己的预习效果，发现自己的不足之处，并及时进行纠正和补充。

除了观看视频和查阅资料，学生还可以采用其他一些方法进行预习。例如，学生可以通过阅读课文原文来加深对课文的理解和认识，同时还可以通过做练习题来检验自己的掌握程度。此外，学生还可以与其他同学进行交流和讨论，分享自己的理解和看法，从而更好地理解和掌握所学知识。

在课前预习的过程中，学生需要注意一些技巧和方法。首先，学生应该注重预习的全面性和系统性，不要只关注部分知识点而忽略了其他内容。其次，学生应该注重预习的深度和精度，不要只停留在表面层次而忽略了深入理解和掌握所学知识。此外，学生还应该注重预习的灵活性和创新性，不要拘泥于传统的方法和模式，而要尝试采用新的方法和手段来进行预习。

（二）课堂讨论

课堂讨论是一种非常有效的学习方式，它能够帮助学生更好地理解课文内容，加深对知识的掌握和理解，同时还可以提高学生的语言表达能力和团队协作能力。在组织课堂讨论时，教师需要注意以下几点。

教师需要提出一些与课文内容相关的问题，让学生分组进行讨论。这样能够激发学生的学习兴趣，使他们积极参与讨论，从而更好地理解和掌握知识。同时，教师还可以根据课文的重点段落或难点问题进行深入分析，引导学生进行思考和探究。这样能够帮助学生更好地理解课文内容，同时提高他们的思维能力和分析能力。

教师在组织讨论时，要注意观察学生的表现，及时给予指导和帮助。如果学生遇到了困难或问题，教师可以给予适当的提示或引导，帮助他们找到正确的答案或思路。同时，教师还需要鼓励学生们积极参与讨论，鼓励他们表达自己的想法和意见，这样可以提高他们的自信心和表达能力。

通过课堂讨论，学生可以更好地理解课文内容，加深对知识的掌握和理解。同时，学生还可以通过交流和分享，提高自己的语言表达能力和团队协作能力。在讨论过程中，学生们可以互相学习、互相启发，从而更好地掌握知识。此外，通过团队协作，学生们还可以培养自己的团队合作精神和沟通能力。

（三）成果展示

成果展示是一种非常有效的教学方法，它可以帮助学生展示自己的学习成果，同时也可以让教师和其他学生了解学生的学习情况和收获。在讨论结束后，教师组织学生进行成果展示是非常有必要的。

学生可以选择自己喜欢的方式进行展示，如演讲、朗诵、表演、写作等。这些方式都可以帮助学生更好地表达自己的想法和感受，同时也可以锻炼学生的语言表达能力和自信心。在展示过程中，学生可以将自己在课前预习和课堂讨论中的收获和感悟展示出来，这样可以加深学生对知识的理解和记忆。

除了学生自己的展示，教师和其他学生也可以给予评价和反馈。评价和反馈可以帮助教师了解学生的学习情况，也可以帮助学生更好地认识自己的优点和不足。教师和其他学生的反馈可以是正面的，也可以是负面的，但重要的是要给予建设性的意见和建议，帮助学生更好地改进和提高。

通过成果展示，学生可以增强自信心和成就感，进一步激发学习兴趣和学习动力。当学生展示自己的学习成果时，他们会感到自己的努力得到了认可和赞赏，这会增强他们的自信心和自尊心。同时，通过与其他同学的交流和互动，学生可以了解到自己的优点和不足，从而更好地调整自己的学习方法和策略，进一步提高自己的学习效果。

此外，成果展示可以促进同学之间的交流和合作。在展示过程中，学生可以互相学习、互相借鉴，从而形成一个良好的学习氛围和环境。这种氛围和环境可以激发学生的学习兴趣和动力，同时也可以增强学生的团队合作能力和沟通能力。

三、教学优势

（一）增强学生的自主学习能力

增强学生的自主学习能力在翻转课堂教学中是非常重要的。以下是一些具体的方法和建议，以帮助学生更好地适应这种教学模式，并增强他们的自主学习能力。

1.提前预习课文

在翻转课堂教学中，学生需要在课前预习课文，了解课文内容和知识点。教师可以通过布置预习任务、提供预习材料等方式，引导学生进行课前预习。同时，教师也应该给予学生充分的支持和指导，帮助他们更好地理解课文内容。

2.培养自主学习的习惯

翻转课堂教学模式能够培养学生的自主学习的习惯。学生需要主动阅读课文、理解知识点，这需要学生具备一定的自我约束力和主动性。教师可以通过鼓励学生在课前预习、课堂讨论等方式，帮助学生逐渐养成自主学习的习惯。

3.充分利用网络资源

学生在课前预习的过程中需要充分利用网络资源，如在线课程、参考书籍、视频等。教师可以通过提供相关资源、推荐学习网站等方式，帮助学生更好地利用网络资源进行自主学习。

4.鼓励合作学习

在翻转课堂教学中，学生需要与其他同学进行合作和交流，共同解决问题。教师可以通过分组讨论、团队合作等方式，鼓励学生积极参与课堂活动，培养他们的合作精神和沟通能力。

5.及时反馈和评估

教师应该及时对学生的自主学习情况进行反馈和评估，以便更好地了解学生的学习情况和需求，并提供针对性的指导。教师可以通过布置作业、测验、评价等方式，及时反馈学生的学习成果和不足之处，帮助学生更好地调整自己的学习方法和策略。

6.激发学生的学习兴趣

教师应该关注学生的兴趣爱好和特长，选择适合他们的教学内容和方法，激发他们的学习兴趣和动力。

7.给予充分的支持和指导

教师在翻转课堂教学中应该给予学生充分的支持和指导，帮助他们更好地理解和掌握知识。

（二）提高学生的阅读能力和语言表达能力

提高学生的阅读能力和语言表达能力是教育中的重要任务之一，这需要教师在教学过程中采用多种方式和方法，以帮助学生更好地理解和运用语言。在翻转课堂教学中，教师可以利用各种教学资源和手段，如多媒体课件、视频、音频等，来提高学生的阅读能力和语言表达能力。

多媒体课件和视频等教学资源可以帮助学生更好地理解课文内容和知识点。通过观看视频和图片，学生可以更直观地了解课文背景和内容，更好地理解课文中的知识点和重点。这种方式可以提高学生的阅读能力和理解能力，为后续的阅读和写作打下基础。

课堂讨论和成果展示可以锻炼学生的口语表达能力、思维能力和写作能力。在讨论过程中，学生需要用语言表达自己的观点和想法，这需要学生思考、分析和组织语言。这种方式不仅可以锻炼学生的口语表达能力，还可以锻炼学生的思维能力和沟通合作能力。在成果展示中，学生需要将所学知识转化为文字或图表等形式进行展示，这需要学生具备写作能力。通过这种方式，学生可以逐渐克服语言表达上的困难，提高自信心和表达能力。

教师可以鼓励学生积极地进行课堂发言和讨论。这不仅可以提高学生的语言表达能力，还能够锻炼学生的思维能力、沟通和合作能力。在发言和讨论中，学生需要思考、组织语言并表达自己的观点，这需要学生具备一定的语言基础和思维能力。同时，通过与其他同学的交流和合作，学生可以学习到不同的观点和方法，拓宽自己的思维和视野。

除了以上方法，教师还可以通过以下方式来提高学生的阅读能力和语言表达能力。

引导学生阅读不同类型的文章，如小说、散文、诗歌等，以丰富学生的阅读体验和语言积累。

鼓励学生写日记或随笔，记录自己的生活和情感体验，以提高写作能力和表达能力。

组织小组讨论和合作项目，让学生在合作中学习和成长，提高团队协作能力和沟通能力。

（三）促进师生互动和个性化教学

翻转课堂是一种新兴的教学模式，它注重学生的主体地位，提倡学生在课前预习新知识，然后在课堂上进行深入讨论和交流。这种教学模式有助于促进师生互动和个性化教学，让学生更好地掌握知识和技能。

教师可以通过网络平台与学生进行互动和交流，了解学生的学习情况和学习需求，以便及时给予指导和帮助。例如，教师可以利用在线教学平台、社交媒体、电子邮件等方式与学生进行沟通，了解学生的学习难点和困惑，以及他们在预习过程中遇到的问题。这样可以让教师更好地掌握学生的学习动态，为接下来的课堂教学做好准备。

翻转课堂注重个性化教学，教师可以根据每个学生的特点和需求，制订不同的教学计划和方案。这种方式能够更好地满足不同学生的学习需求和学习风格，提高教学效果和学习效果。例如，对于一些学习能力强、思维活跃的学生，教师可以适当增加难度和挑战性，引导他们深入思考和探索；而对于一些学习能力较弱的学生，教师可以注重基础知识的讲解和巩固，帮助他们逐步提高学习能力。

翻转课堂可以鼓励学生积极参与课堂讨论和交流，促进师生之间的互动和交流。在课堂上，教师可以组织小组讨论、案例分析、角色扮演等活动，让学生充分表达自己的观点和想法，同时也可以听取其他同学的意见和建议。这种方式可以让学生更好地理解和掌握知识，同时也可以增强师生之间的互动和交流。

在实施翻转课堂时，教师需要注意以下几点。首先，要合理安排课前预习时间和内容，确保学生能够充分理解和掌握新知识；其次，要注重课堂讨论的组织和引导，确保学生能够充分表达自己的观点和想法；最后，要注重教学效果的评估和反馈，不断改进教学方法和策略，提高教学效果和质量。

四、注意事项

（一）视频制作质量要高

视频制作质量在课前预习环节中具有非常重要的作用。课前预习是学生学习新知识的重要步骤之一，通过观看视频，学生可以提前了解和掌握课程内容，为后续的学习打下基础。因此，教师需要注重视频的制作质量，确保视频内容清晰、生动、有趣，能够吸引学生的注意力，从而提高学生的学习效果。

视频制作质量主要包括以下几个方面。

1.视频画质清晰

教师需要确保视频的画质清晰，让学生能够清晰地看到视频中的内容。这需要教师在录制视频时选择合适的拍摄设备，保证视频的清晰度和色彩饱和度。同时，在后期制作时，也需要对视频进行适当的剪辑和调色，以提升整体观感。

2.视频内容生动有趣

教师需要将课程内容以生动有趣的方式呈现出来，吸引学生的注意力。这需要教师对课程内容进行深入分析和研究，将枯燥的知识点以生动、有趣、易于理解的方式呈现出来。教师可以通过使用动画、图片、音频等多种形式来增强视频的趣味性。

3.视频时长适当

视频时长不宜过长，控制在5～10分钟以内，避免学生失去兴趣。教师需要根据课程内容，合理安排视频时长，让学生在有限的时间内掌握重点和难点知识。同时，教师也需要根据学生的反馈和需求，对视频时长进行调整和优化。

除了以上几个方面，教师在制作视频时还需要注意以下几点。

1.内容精练

视频内容要精练，突出重点和难点，避免冗长和重复的内容。教师需要对课程内容进行筛选和提炼，将精华部分呈现在视频中，让学生能够更好地理解和掌握知识。

2.互动性强

在视频中加入互动元素，如提问、讨论等，可以增强学生的参与感。教师可以在视频中设置一些开放性问题或讨论话题，引导学生思考和交流，提高学生的学习积极性和主动性。

3.及时反馈

学生在观看视频时遇到问题或困惑，教师应及时给予反馈和指导。这需要教师建立有效的反馈机制，通过在线交流、邮件等方式与学生进行沟通，解答学生的疑问，帮助学生更好地理解和掌握知识。

（二）做好课前预习的检查和反馈

做好课前预习的检查和反馈是非常重要的，这样可以帮助学生更好地理解和掌握新知识，提高教学效果。下面是一些可以用于课前预习检查和反馈的方法。

1.在线答疑

教师可以建立一个在线答疑平台，与学生进行实时交流，解答学生在预习过程中遇到的问题。这种方式可以帮助学生更好地理解预习内容，同时也可以及时了解学生的预习情况，以便教师做出相应的调整。

2.讨论区互动

教师可以鼓励学生参与讨论区的话题讨论，了解学生对预习内容的理解程度。这种方式可以帮助学生之间互相交流、互相学习，同时也可以让教师更好地了解学生的预习情况，以便及时给予指导和帮助。

3.个别辅导

对于个别存在问题的学生，教师可以进行个别辅导，给予有针对性的帮助。这种方式可以帮助学生更好地理解和掌握预习内容，同时也可以让教师更好地了解学生的个性特点和学习能力，以便更好地指导学生。

4.课堂提问

教师可以根据预习内容设计一些问题，在课堂上对学生进行提问，了解学生对预习内容的掌握情况。这种方式可以帮助学生更好地回顾预习内容，同时也可以让教师更好地了解学生的预习效果。

5.作业反馈

教师可以布置一些与预习内容相关的作业，并在批改后及时反馈给学生，指出学生的问题和不足之处，并给出相应的建议和指导。这种方式可以帮助学生在预习过程中更好地发现问题和解决问题，同时也可以让教师更好地了解学生的预习效果和问题。

（三）注重课堂讨论的组织和引导

注重课堂讨论的组织和引导是教师在教学过程中非常重要的一部分，它有助于提高学生的思维能力和表达能力，同时也有助于增强师生之间的互动和交流。

营造良好的讨论氛围是关键。教师应该以亲切、友善的态度面对学生，鼓励学生积极参与讨论，表达自己的观点和想法。同时，教师还应该尊重学生的观点，给予适当的肯定和鼓励，增强学生的自信心和积极性。

合理分组是组织讨论的重要环节。教师应该根据学生的兴趣、能力、性格等因素进行分组，确保每个小组的讨论能够顺利进行。分组时，教师还应该注意平衡各小组之间的实力，避免出现过于强势或弱势的小组，影响讨论的公平性和有效性。

明确讨论的主题和目标是非常必要的。教师需要提前确定讨论的主题和目标，确保讨论能够围绕主题展开，避免讨论偏离主题或过于发散。同时，教师还应该根据学生的实际情况和需求，设计具有一定难度和挑战性的讨论题目，激发学生的兴趣和动力。

适时引导是组织讨论的重要手段。在讨论过程中，教师需要适时引导学生思考和探究，帮助学生更好地理解课文内容和知识点。教师可以提出一些问题或引导性的语句，引导学生深入思考和分析问题，同时也需要注意不要过度干预学生的讨论过程，尊重学生的自主思考和表达。

及时总结是组织讨论的重要环节。在讨论结束后，教师需要及时总结讨论成果，对表现优秀的学生给予肯定和表扬，对存在的问题进行反馈和指导。教师还可以引导学生对讨论中的问题进行反思和总结，帮助学生更好地理解课文内容和知识点。同时，教师还应该关注学生的情感和态度变化，及时给予支持和鼓励，增强学生的自信心和积极性。

第五章　初中语文阅读教学内容创新

第一节　经典与现代的结合

在我们的文化中，经典与现代的元素常常被视为两个相对独立的部分，然而，它们之间却存在着一种难以言喻的纽带，那就是阅读。阅读是连接过去与现在，经典与现代的重要桥梁。在阅读中，我们能够感受到经典文学作品的深度和丰富性，同时也能体验到现代阅读材料的活力和创新性。

一、经典阅读的重要性

（一）经典文学作品是文化传承的重要载体

经典文学作品，作为人类智慧的结晶，承载着深厚的历史积淀和文化内涵，无疑是文化传承的重要载体。它们不仅为我们提供了一扇了解过去、现在和未来的窗户，更是人类精神世界的重要财富。

经典文学作品见证了历史的发展。它们不仅记录了人类社会的变迁，更是社会风貌和人们思想观念的反映。每一部经典作品都是一部历史的缩影，它们在时光的长河中不断沉淀，成了我们理解过去的重要工具。通过阅读这些作品，我们可以深入了解历史，更好地认识和理解过去，从而更加珍惜现在，更好地展望未来。

经典文学作品是文化的瑰宝。它们包含了丰富的文化元素，如语言、艺术、哲学等，是文化遗产的重要组成部分。每一部经典作品都是一个独特的文化符号，它们传承着一种或多种文化的精髓，为我们揭示了文化的多样性。通过阅读这些作品，我们可以领略到不同文化的魅力，拓宽自己的文化视野，从而更加尊重和欣赏各种文化的独特性。

经典文学作品具有深厚的艺术价值。它们不仅仅是故事和情节的堆砌，更是艺术和哲理的结晶。它们用文字描绘出人性的复杂和多样，让我们思考人类存在的意义和价值。通过阅读这些作品，我们可以从中汲取智慧，学会在困境中寻找希望，在迷茫中寻找方向，从而更好地面对未来。

经典文学作品是我们与过去的对话。它们是历史、文化、艺术、哲理等多重维度的交融，是我们了解过去的桥梁。每一次阅读，都是一次与过去的对话，是我们在心中回响的历史回音。在这个过程中，我们不仅能更深入地理解历史，还能从历史的启示中汲取力量，以面对现实生活的挑战。

同时，我们也要意识到，经典文学作品的传承并不仅仅是个人的责任。作为社会的一分子，我们每个人都应该积极参与文化的传承工作，通过推广阅读、举办文化活动等方式，让更多的人有机会接触到这些宝贵的文化遗产。只有这样，我们的文化才能得以延续和发展，我们的社会才能更加多元和包容。

（二）经典文学作品有助于提高学生的文学素养和审美能力

经典文学作品对于提高学生的文学素养和审美能力具有重要的作用。经典文学作品具有丰富的文化内涵和很高的艺术价值，它们不仅是故事和情节的载体，更是语言表达、修辞手法和思想观念的结晶。通过阅读经典文学作品，学生可以接触到不同的语言表达方式、修辞手法和思想观念，从而拓宽自己的文学视野，提高自己的文学素养。

经典文学作品可以提高学生的语言表达能力和修辞手法水平。通过阅读和分析经典文学作品中的语言运用和修辞手法，学生可以学到不同的表达方式和修辞技巧，从而提高自己的语言表达能力。同时，经典文学作品中的优美语言和精妙修辞也会潜移默化地影响学生的语言风格和表达方式，使他们的语言表达更加生动、优美。

经典文学作品可以提高学生的审美能力。它们包含了许多美的元素，如意境、色彩、结构等，通过阅读和分析这些作品，学生可以感受到美的存在和表现方式，从而提高自己的审美能力。经典文学作品所传达的积极价值观，如诚实、勇敢、善良、公正等，也可以启迪学生的思想观念，从而形成良好的道德品质和价值观。

当然，在阅读经典文学作品时，我们也应该注意选择适合自己阅读水平和兴趣爱好的作品，避免选择过于晦涩难懂的作品。同时，我们也要注重阅读方法的指导，引导学生深入思考和分析作品中的思想内涵和艺术价值，从而更好地发挥经典文学作品在提高学生文学素养和审美能力方面的作用。

（三）经典文学作品有助于培养学生的道德品质和价值观

经典文学作品传达了许多积极的价值观，如诚实、勇敢、善良、公正等。这些价值观不仅是人类道德的基石，也是我们作为社会成员应当遵循的基本准则。通过阅读和分析经典文学作品中的道德主题，我们可以受到潜移默化的影响，从而培养良好的道德品质和价值观。

经典文学作品可以培养我们的诚实品质。它们传达了诚实是做人的基本准则的思想，通过阅读和分析这些作品中的诚实主题，我们可以更好地理解诚实的意义和价值，从而培养自己的诚实品质。

经典文学作品可以培养我们的勇敢品质。它们强调了勇敢面对困难和挑战的重要性，通过阅读和分析这些作品中的勇敢主题，我们可以学会勇敢面对生活中的困难和挑战。

经典文学作品可以培养我们的善良品质和公正观念。它们传达了善良和公正是人类社会的基本价值观的思想，通过阅读和分析这些作品中的善良主题和公正观念，我们可以更好地理解善良和公正的意义和价值。

二、现代阅读材料的优势

（一）现代阅读材料更加贴近学生的生活，容易引起学生的共鸣

1.现代阅读材料越来越贴近学生的生活

随着社会的发展和科技的进步，现代阅读材料已经发生了显著的变化，更加贴近学生的生活。这些阅读材料以现代社会为背景，反映了现代社会的现象和问题，能够引起学生的兴趣和关注。与传统的阅读材料相比，现代阅读材料更加注重与学生的实际生活相联系，让学生更好地理解现代社会的发展趋势和变化。

2.现代阅读材料反映现代社会现象和问题

现代阅读材料通常以现代社会为背景，反映了现代社会的现象和问题。这

些材料可以帮助学生了解现代社会的发展趋势和变化，从而更好地适应社会的发展。例如，一些阅读材料以现代社会中的热点问题为主题，让学生了解这些问题的原因、影响和解决方案。这些材料能够引起学生的共鸣，激发他们的思考和探索欲望。

3.培养学生的创新能力和思维能力

现代阅读材料注重培养学生的创新能力和思维能力。这些材料鼓励学生思考和质疑，培养他们的批判性思维和创新能力。通过阅读这些材料，学生可以更好地应对未来的挑战，提高自己的综合素质和能力。

4.现代阅读材料的重要性

在现代社会中，阅读材料对于学生的成长和发展具有重要意义。它们能够帮助学生更好地了解现代社会的发展趋势和变化，培养他们的创新能力和思维能力，提高他们的综合素质和能力。因此，学校应该重视现代阅读材料的开发和利用，为学生提供更多高质量的阅读材料。

5.传统阅读材料的局限性

与传统阅读材料相比，现代阅读材料更加贴近学生的生活，能够引起学生的共鸣。传统阅读材料通常以历史事件和文学故事为主题，与学生实际生活联系较少，难以引起学生的兴趣和关注。因此，学校应该逐渐减少传统阅读材料的比例，更多地引入现代阅读材料，以适应社会的发展和学生的需求。

（二）现代阅读材料形式多样，能够激发学生的阅读兴趣

在现代社会，阅读材料的形式越来越多样化，这无疑能够激发学生的阅读兴趣。随着科技的不断发展，阅读材料已经不再局限于传统的文字形式，而是加入了图片、音频、视频等多媒体元素，提供了更加丰富和立体的阅读体验。这种多样化的阅读材料形式，无疑能够更好地吸引学生的注意力，激发他们的阅读兴趣。

图片和文字相结合的方式是一种非常有效的阅读材料形式。通过视觉和听觉的双重刺激，学生能够更好地理解和记忆阅读内容。这种阅读材料形式不仅能够提高学生的阅读理解能力，还能够增强他们的记忆力和思维能力。此外，一些阅读材料还会采用动画、视频等形式，这些多媒体元素能够更加生动形象

地展示阅读内容，让学生更加容易理解和接受。

多媒体材料能够激发学生的学习兴趣和好奇心。与传统的文字阅读相比，多媒体材料的互动性和趣味性更强，能够让学生更加积极主动地参与阅读活动。这种互动性和趣味性能够激发学生的学习兴趣，让他们更加愿意投入到阅读中来。此外，多媒体材料还能够提供更加多元化的阅读体验，让学生感受到阅读的乐趣和魅力。

除了形式多样，现代阅读材料还能够提供更加个性化的阅读体验。随着大数据和人工智能技术的发展，我们可以根据学生的兴趣、阅读能力、学习风格等因素，为他们提供更加符合他们需求的阅读材料。这种个性化的阅读体验能够更好地满足学生的需求，提高他们的阅读兴趣和阅读能力。

值得一提的是，虽然现代阅读材料形式多样，但我们在选择阅读材料时，仍需注意选择符合教育规范、内容健康、质量优良的阅读材料，避免选择不适合学生年龄阶段、理解能力、兴趣爱好的阅读材料。同时，我们还需要注重培养学生的阅读习惯和方法，让他们掌握正确的阅读技巧和策略，从而更好地享受阅读的乐趣和益处。

（三）现代阅读材料注重培养学生的创新能力和思维能力

随着教育改革的不断深入，现代阅读材料在培养学生的创新能力和思维能力方面发挥着越来越重要的作用。这些材料通常具有开放性和探索性，鼓励学生进行思考和质疑，从而培养他们的创新能力和思维能力。

现代阅读材料注重培养学生的批判性思维。批判性思维是一种对信息、观点和结论进行评估和判断的能力，它有助于学生更好地理解和掌握知识，同时也有助于他们形成自己的观点和思考方式。在现代阅读材料中，经常会提出一些具有挑战性的问题，让学生进行思考和讨论，从而培养他们的批判性思维。这些问题的设计通常不是为了让学生简单地回答“是”或“不是”，而是为了引发他们的思考和质疑，从而激发他们的创新能力和思维能力。

现代阅读材料注重培养学生的创造性思维。创造性思维是一种能够从不同的角度和方向思考问题，寻找新的解决方案和思路的能力。在现代阅读材料中，经常会涉及一些具有启发性的问题，这些问题需要学生运用创造性思维来寻找答案。通过这种方式，学生可以更好地应对未来的挑战，因为他们已经学会了如何从不同的角度思考问题，寻找新的解决方案。

现代阅读材料注重培养学生的自主思考能力。自主思考能力是指学生在面对问题时能够自由地进行分析、思考和判断的能力。在现代阅读材料中，通常会提供一些信息丰富的材料，让学生自己去分析、思考和判断，从而培养他们的自主思考能力。这种方式可以更好地激发学生的学习兴趣和动力，同时也能够更好地培养他们的创新能力和思维能力。

我们也应该注意到，现代阅读材料的设计需要符合学生的认知特点和兴趣爱好，让他们在轻松愉悦的氛围中学习知识、培养能力。此外，教师也应该注重培养学生的自主学习能力和合作学习能力，让他们学会如何获取信息、处理信息、分享信息，从而更好地适应未来的社会。

三、经典与现代的结合方式

（一）将经典文学作品改编成适合现代学生的版本

经典文学作品在我们的文化中占有重要的地位，它们代表了人类智慧的结晶，是我们学习和成长的宝贵资源。然而，由于年代久远和语言表达的变化，这些作品对于现代学生来说可能有些难以理解。因此，我们需要将经典文学作品改编成适合现代学生的版本。

为了实现这一目标，我们可以采取以下措施。

1.简化难词、难句

可以使用现代词汇和语法结构来替换原著中的难词难句，使作品更加通俗易懂。

简化难词难句的方法有很多，其中一种常用的方法是通过使用现代词汇和语法结构来替换原著中的难词难句。这种方法可以帮助读者更好地理解作品，同时也可以提高他们的阅读兴趣。具体来说，可以采用以下几种方法。

（1）使用简单的词汇和短语来替代原著中的复杂词汇和短语。

（2）简化句式，使用更简单的语法结构来表达原著中的复杂意思。

（3）拆分长句，将其拆分成几个简单句，以便读者更好地理解。

（4）使用图片或图表来解释原著中的复杂概念或信息。

通过这些方法，可以将原著中的难词难句转化为更易于理解的形式，从而使作品更加通俗易懂。

2.增加插图

插图是帮助学生理解文学作品的有效工具。通过插图，学生可以更好地理解故事情节和人物形象，增强阅读兴趣。

插图在帮助学生理解文学作品方面确实起着非常重要的作用。通过插图，学生可以更好地理解故事情节和人物形象，增强他们的阅读兴趣。具体来说，插图可以帮助学生：更好地理解故事背景和情节；更好地理解人物形象和性格特点；增强阅读兴趣和动力；提高阅读理解和记忆效果。

因此，在文学作品的出版或教学材料中适当增加插图是一个非常有益的做法。

3.修改章节顺序

根据现代学生的阅读习惯和兴趣，可以对经典文学作品的章节顺序进行适当的调整，使其更符合现代学生的阅读习惯。

对经典文学作品的章节顺序进行适当的调整，以更符合现代学生的阅读习惯，这个建议非常有建设性。现代学生的阅读习惯和兴趣在不断变化，因此，对经典文学作品的章节顺序进行调整，可以更好地满足现代学生的需求。

具体来说，可以考虑以下因素来进行章节顺序的调整：现代学生的阅读速度和节奏；现代学生的兴趣爱好和关注点；现代学生的理解和接受能力；章节之间的逻辑性和连贯性。

在调整章节顺序时，需要注意保持原著的整体结构和主题，同时也要考虑现代学生的阅读习惯和兴趣，使调整后的章节顺序更符合现代学生的需求。这样的调整可以更好地激发现代学生的阅读兴趣，提高他们的阅读理解和欣赏水平。

（二）将经典文学作品与现代阅读材料相结合

在现代社会中，阅读材料的形式和内容越来越多样化，这为我们提供了更多的机会和方式来提高学生的阅读素养。除了改编经典文学作品之外，我们还可以将经典文学作品的情节或主题融入现代阅读材料中，以此加深学生对经典文学作品的了解和感受。

将经典文学作品的情节或主题融入现代阅读材料中，可以使学生更加深入地理解和感受经典文学作品。通过阅读现代小说、散文、诗歌等作品，学生可以在了解现代社会现象的同时，思考经典文学作品中所蕴含的深刻含义。这样，学生不仅能够更好地理解经典文学作品，还能够拓宽自己的阅读视野，提高自己的阅读素养。

将经典文学作品的经典语句或段落融入现代写作中，可以鼓励学生进行模仿和创新，从而提高他们的写作水平。通过学习和借鉴经典文学作品的表达方式、语言特点等，学生可以更加准确地表达自己的思想和情感，从而提高自己的写作水平。同时，通过将经典文学作品的语句或段落进行创新性的应用，学生可以发挥自己的想象力和创造力，提高自己的写作创新能力。

将经典文学作品与现代阅读材料相结合，可以使学生更加全面地了解和欣赏经典文学作品。经典文学作品是文学史上的瑰宝，它们具有深远的影响力和价值。通过将经典文学作品与现代阅读材料相结合，学生可以更加全面地了解经典文学作品的背景、主题、人物形象等，从而更加深入地理解和欣赏经典文学作品。

在实际教学中，我们可以采取多种方式来实现这一目标。例如，我们可以将经典文学作品的情节或主题融入现代小说、散文、诗歌等阅读材料中，让学生在阅读现代作品的同时思考经典文学作品的深层含义。我们还可以将经典文学作品的经典语句或段落制作成海报、手抄报等展示在学生面前，鼓励他们进行模仿和创新。此外，我们还可以组织学生开展经典文学作品的主题讨论、朗诵比赛等活动，让学生在互动交流中加深对经典文学作品的了解和感受。

（三）推荐学生阅读经典文学作品的同时，推荐现代优秀阅读材料

阅读是提高语言能力和文化素养的重要途径。为了鼓励学生进行广泛的阅读，我们可以推荐学生阅读经典文学作品的同时，也推荐一些现代优秀的阅读材料。

推荐的材料可以包括一些畅销小说、诗歌选集、散文集等。在推荐的过程中，我们可以鼓励学生进行比较和思考，让他们了解不同风格和主题的作品之间的差异和联系。此外，我们还可以推荐一些具有挑战性的现代作品，让学生

尝试阅读和理解，从而拓宽他们的阅读视野，提高他们的阅读素养。

通过这种方式，我们可以鼓励学生进行多样化的阅读活动，培养他们的阅读兴趣和习惯，从而促进他们的全面发展。

（四）利用现代技术手段推广经典文学作品

随着现代技术的发展，我们可以利用网络平台、数字图书馆等方式来推广经典文学作品，让更多的人有机会接触到它们。

网络平台是一个非常有效的推广工具。我们可以在网络平台上建立经典文学作品数据库，提供在线阅读和下载服务。此外，我们还可以通过网络平台发布经典文学作品的解读和分析文章，帮助学生更好地理解作品的主题和意义。数字图书馆也是一个非常方便的资源，它提供了丰富的电子书资源，可以让学生随时随地阅读经典文学作品。

通过利用现代技术手段推广经典文学作品，我们可以扩大其影响力，让更多的人了解和欣赏这些宝贵的文化遗产。

（五）开展多样化的阅读活动

为了激发学生的阅读兴趣和提高他们的阅读能力，我们可以开展多样化的阅读活动。

1.组织读书俱乐部

组织读书俱乐部是一个非常有意义的活动，它能够为学生提供一个良好的阅读环境和交流平台。通过读书俱乐部，学生们可以相互分享喜欢的书籍和作者，交流阅读心得和体会，从而拓宽视野、提高阅读兴趣和阅读能力。以下是一些组织读书俱乐部的建议。

（1）确定俱乐部目标和宗旨：首先，你需要明确读书俱乐部的目标和宗旨，以便为俱乐部制订相应的计划和活动。

（2）选择合适的场所：找一个适合阅读的场所，例如图书馆、教室或者学生活动室等。确保场所安静、舒适，并且有足够的空间供大家阅读和交流。

（3）招募成员：通过海报、社交媒体、学校公告等方式宣传读书俱乐部，吸引有兴趣的学生加入。同时，可以设立一些入会条件，例如要求提交一篇简短的自我介绍或者读书心得等。

（4）确定活动时间和频率：制定读书俱乐部的活动时间和频率，例如每周一次或每两周一次。确保时间安排合理，不会与学生的其他活动冲突。

（5）选择合适的书籍：为读书俱乐部挑选一些适合学生阅读的书籍，可以是经典名著、畅销书、热门小说等。同时，也可以鼓励学生推荐自己喜欢的书籍，以便满足不同学生的阅读需求。

（6）组织读书分享会：定期组织读书分享会，让学生们分享自己的阅读心得和体会。可以邀请一些学生分享自己的阅读经验和方法，也可以让学生们自愿上台分享。

（7）建立交流平台：建立一个交流平台，例如微信群、QQ 群或论坛等，方便学生们相互交流和讨论。可以在平台上分享书籍推荐、阅读笔记、书评等。

（8）鼓励参与和反馈：鼓励学生们积极参与读书俱乐部活动，并给予积极的反馈和建议。同时，也要注意维护读书俱乐部的氛围，确保每个人都能够感受到尊重和舒适。

（9）定期评估和改进：定期评估读书俱乐部的活动效果和成员反馈，以便不断改进和优化俱乐部计划和活动。

2.朗诵比赛

朗诵比赛是一种很好的锻炼口语表达能力和舞台表现力的方式，同时也能够激发学生对阅读的兴趣。在选择文章或诗歌进行朗诵时，学生需要具备一定的语言表达能力和情感表达能力。通过参加朗诵比赛，学生可以提高自己的自信心和口语表达能力，同时也可以增强他们对文学作品的欣赏能力和阅读兴趣。

朗诵比赛可以锻炼学生的口语表达能力和舞台表现力。在比赛中，学生需要面对观众进行朗诵，这需要他们具备良好的语言表达能力和舞台表现力。通过不断地练习和准备，学生可以提高自己的口语表达能力，增强自己的自信心和舞台表现力。这些能力对于学生的未来发展也是非常有益的。

朗诵比赛可以激发学生对阅读的兴趣。选择一篇合适的文章或诗歌进行朗诵需要学生具有一定的语言表达能力和情感表达能力。在这个过程中，学生需要深入理解文章或诗歌的内容和情感，这有助于培养他们的文学素养和欣赏能力。通过参加朗诵比赛，学生可以感受到文学作品的魅力，增强对文学作品的欣赏能力和阅读兴趣。

参加朗诵比赛还可以提高学生的语言表达能力和情感表达能力。在准备比赛的过程中，学生需要不断地练习和改进自己的语言表达方式和情感表达方式。这有助于提高他们的语言运用能力，增强他们的情感表达能力。通过参加朗诵比赛，学生可以发现自己的不足之处，并努力改进自己，不断提高自己的语言表达能力和情感表达能力。

参加朗诵比赛还可以培养学生的团队合作精神和竞争意识。在比赛中，学生需要与其他选手合作完成朗诵任务，这需要他们具备良好的团队合作精神和竞争意识。通过与其他选手的交流和合作，学生可以更好地了解团队合作的重要性，并学会如何在团队中发挥自己的优势和作用。同时，参加比赛也可以让学生意识到竞争的存在，并学会如何在竞争中发挥自己的优势和取得胜利。

3.故事会

故事会是一种非常有趣且有益的活动，它不仅可以锻炼学生的口语表达能力和聆听能力，还可以拓宽学生的阅读视野，提高他们的阅读兴趣和文化素养。

故事会可以让学生有机会讲述自己最喜欢的故事或分享自己喜欢的书籍。在故事会上，学生们可以自由地表达自己的想法和感受，锻炼自己的口语表达能力。同时，学生们也可以聆听其他同学的故事，从而增强自己的聆听能力和理解能力。通过分享不同的故事和书籍，学生们可以拓宽自己的阅读视野，了解到更多的文学和故事类型，从而提高自己的阅读兴趣和文化素养。

故事会可以为学生提供一个轻松、愉快的环境，增强学生之间的交流和互动。在故事会上，学生们可以互相交流、互相学习、互相鼓励，从而增强彼此之间的友谊和团队精神。这种交流和互动还可以帮助学生更好地了解自己和他人，增强自己的自我认知和人际交往能力。

故事会可以帮助学生培养良好的阅读习惯和阅读兴趣。通过分享不同的故事和书籍，学生们可以了解到更多的文学作品和知识，从而激发自己的阅读兴趣和求知欲。同时，阅读还可以拓宽学生的视野，增强他们的思维能力和创造力，从而更好地适应未来的学习和工作。

故事会可以为学校营造一个良好的文化氛围，增强学校的文化底蕴和凝聚力。通过举办故事会，学校可以鼓励学生积极参与各种文化活动，增强学校的文化氛围和凝聚力。同时，学校还可以通过故事会向学生传递积极向上的价值观和人生观，从而培养出更多有思想、有文化、有道德的学生。

4.网络征文比赛

随着网络的普及，网络征文比赛作为一种新型的写作竞赛形式，正逐渐受到越来越多学生的青睐。它不仅可以鼓励学生通过网络平台提交自己的写作作品，让他们在写作中不断提高自己的语言能力和文化素养，还可以通过设置各种主题和奖项，激励学生积极参与写作，提高他们的写作水平和文化素养。与此同时，多样化的阅读活动同样可以培养学生对阅读的热爱，促进校园文化的建设和发展。

网络征文比赛的优势在于，它打破了地域的限制，使得各地的选手可以不受限制地参加比赛，与其他地区的选手交流和学习。通过网络平台，学生们不仅可以展示自己的写作才华，还可以通过阅读其他选手的作品，学习到更多的写作技巧和表达方式。这种交流和学习的方式，无疑有助于提高学生的写作水平和文化素养。

网络征文比赛可以通过设置各种主题和奖项，激发学生的创作热情。这些主题和奖项的设置，不仅可以激励学生积极参与写作，还可以培养他们的创新精神和团队协作能力。在比赛过程中，学生们需要相互合作、共同探讨、互相学习，形成良好的团队氛围，这对于他们的成长和发展具有重要意义。

除了网络征文比赛，我们可以通过开展多样化的阅读活动来培养学生的阅读兴趣和习惯。这些活动可以包括读书俱乐部、朗诵比赛、读书分享会等，让学生们在轻松愉快的氛围中享受阅读的乐趣。这些活动不仅可以提高学生的阅读兴趣，还可以促进校园文化的建设和发展。

阅读是一种终身的学习活动，它可以丰富我们的知识、开阔我们的视野、提高我们的素养。通过开展多样化的阅读活动，我们可以鼓励学生积极参与阅读，培养他们的阅读兴趣和习惯。同时，这些活动也可以为学校营造一个良好的阅读氛围，促进校园文化的多元化发展。

在未来的教育工作中，我们应该继续探索更多有益的教育形式，如在线课程、实践活动等，以适应时代的发展和学生多样化的需求。通过这些方式，我们可以更好地培养学生的创新精神、协作能力和综合素质，为他们未来的发展奠定坚实的基础。

第二节　跨学科阅读内容的整合

一、跨学科阅读的意义

跨学科阅读是指将不同学科的知识、理论、方法、思维方式等整合在一起，使学生在阅读过程中拓宽视野，提高综合素质和能力。具体来说，跨学科阅读的意义主要体现在以下几个方面。

（一）提高学生的综合素质和能力

提高学生的综合素质和能力是教育的重要目标之一。通过跨学科阅读，学生可以接触到不同学科的知识和思维方式，有助于培养学生的综合思维能力、创新能力和解决问题的能力。

1.拓宽知识面和视野

阅读是获取知识的重要途径，通过跨学科阅读，学生可以接触到不同学科的知识和案例，从而拓宽学生的知识面和视野。学生可以了解不同学科的理论、方法和案例，这有助于增强学生的综合素质，培养学生的思维能力和创造力。跨学科阅读可以帮助学生更好地理解和应用所学知识，为未来的职业发展打下坚实的基础。

2.培养创新思维

跨学科阅读可以让学生从不同的角度思考问题，培养创新思维和批判性思维。学生可以从不同学科的视角出发，将不同的知识和观点进行融合，从而形成新的思维方式和观点。这种思维方式有助于提高学生的创新能力，让学生在未来的工作中更具竞争力。通过跨学科阅读，学生还可以了解不同学科的研究方法和前沿动态，从而更好地适应不断变化的社会环境。

3.提高解决问题的能力

通过跨学科阅读，学生可以学到不同学科解决问题的方法和技巧，从而提高学生的问题解决能力。学生可以从不同学科的角度出发，运用不同的理论、方法和工具来解决问题。这种解决问题的能力对于学生的职业发展至关重要，因为在职场中，问题往往具有复杂性和多样性，需要学生具备灵活应对的能力。此外，跨学科阅读还可以帮助学生更好地理解和应用所学知识，提高学生的学习效果和自信心。

（二）丰富学生的阅读内容和形式，激发学生的学习兴趣

丰富学生的阅读内容和形式是提高学生学习兴趣的重要手段之一。跨学科阅读可以让学生接触到更多的阅读材料，包括不同学科的知识、故事、案例等，从而丰富学生的阅读体验，激发学生对不同学科的兴趣。

1.感受到阅读的多样性和趣味性

阅读是一种非常有趣和多样化的活动，通过阅读不同学科的知识和案例，学生可以感受到阅读的多样性和趣味性。这种多样化的阅读体验可以激发学生对阅读的兴趣，并培养他们的阅读习惯。通过阅读不同类型的书籍，学生可以接触到不同的观点和思想，从而拓宽他们的视野，增强他们的认知能力。

2.增强学习的自主性和主动性

学生是学习的主体，他们应该根据自己的兴趣和爱好选择阅读材料。通过自主选择阅读材料，学生可以增强学习的自主性和主动性。他们可以根据自己的兴趣和需求选择适合自己的阅读材料，从而更好地理解和掌握知识。这种自主选择的过程可以激发学生的学习热情，并培养他们的自主学习能力。

3.提高阅读的深度和广度

通过跨学科阅读，学生可以接触到更多领域的知识和思想，提高阅读的深度和广度。这种跨学科阅读不仅可以拓宽学生的知识面，还可以培养他们的创新思维和批判性思维能力。通过阅读不同领域的书籍，学生可以了解到不同学科之间的联系和差异，从而更好地理解各种知识之间的联系和相互作用。这种跨学科阅读还可以促进学生的全面发展，为他们未来的学习和工作打下坚实的基础。

（三）加强学科之间的联系和融合，促进学科交叉研究

加强学科之间的联系和融合是推动科技创新的重要途径之一。跨学科阅读可以促进不同学科之间的交流和合作，有助于推动学科交叉研究的发展，为未来的科技创新提供更多的思路和可能性。

1.促进学科之间的交流和理解

通过跨学科阅读，教师和学生可以跨越传统学科界限，以更加全面和多元的视角来理解学科知识。通过阅读其他学科的书籍和论文，教师可以了解其他学科的教学方法和研究方法，而学生则可以从不同学科的角度来理解和思考问题，从而加深对各个学科的理解。

跨学科阅读可以促进不同学科之间的交流和理解。不同学科的教师和学生可以通过相互交流和讨论，分享彼此的专业知识和思维方式，从而促进学科之间的交流和理解。这种交流和理解不仅可以增强教师和学生的学术素养，还可以为学科之间的合作和交流打下坚实的基础。

因此，通过跨学科阅读，教师和学生可以增进对各个学科的理解，促进不同学科之间的交流和理解，从而为学科的发展和学术交流做出积极的贡献。

2.为科技创新提供更多的思路和可能性

跨学科阅读不仅可以促进不同学科之间的交流和理解，还可以为科技创新提供更多的思路和可能性。在当今科技快速发展的时代，科技创新需要多学科的交叉融合，而跨学科阅读可以为这种融合提供更多的思路和可能性。

通过跨学科阅读，教师和学生可以了解不同学科的研究进展和应用前景，了解其他学科的思维方式和方法，从而为未来的科技创新提供更多的思路和可能性。同时，跨学科阅读还可以培养教师的创新思维和研究能力，提升学生的综合素质和创新能力，为未来的科技创新奠定基础。

因此，跨学科阅读可以为科技创新提供更多的思路和可能性，是培养创新型人才和推动科技创新的重要途径之一。

3.为未来科技创新奠定基础

跨学科阅读不仅可以为科技创新提供更多的思路和可能性，还可以为未来的科技创新奠定基础。通过跨学科阅读，学生可以了解不同学科之间的联系和

互动关系，从而更加深入地理解和应用各个学科的知识和技能。这种理解可以为未来的科研和实际应用打下坚实的基础。

同时，跨学科阅读还可以培养学生的综合素质和创新能力。通过阅读不同学科的书籍和论文，学生可以拓展自己的知识面和思维方式，培养自己的创新意识和实践能力，从而为未来的科技创新奠定基础。

因此，跨学科阅读是培养创新型人才和推动科技创新的重要途径之一，可以为未来的科技创新奠定坚实的基础。同时，这也需要教育者和学生共同努力，推动跨学科阅读的普及和发展，为未来的科技创新做出更大的贡献。

二、跨学科阅读内容的整合方式

为了实现跨学科阅读内容的整合，我们可以采取以下几种方式。

（一）语文学科与其他学科之间的融合

语文学科与其他学科之间的融合具有深远的意义和价值。它不仅有助于学生更全面、深入地理解和欣赏文学作品，而且能够培养他们的思维能力和创新能力，提高他们的综合素质。

1.语文学科与其他学科的融合有助于拓宽学生的知识面

在传统的教学中，语文学科往往被视为一门独立的学科，与其他学科的联系较少。然而，通过将其他学科的知识和思维方式融入语文教学中，可以使学生从更广阔的视角来理解和欣赏文学作品。例如，在历史事件中挖掘文学故事，可以帮助学生将历史知识与文学故事相结合，增强对文学作品的了解；在地理环境中考古文学描述，可以帮助学生将地理知识与文学描述相结合，增强对文学作品背景的理解。这些跨学科的学习方式能够拓宽学生的知识面，培养他们的跨学科思维能力。

2.语文学科与其他学科的融合有助于培养学生的创新能力和批判性思维

在教学过程中，教师鼓励学生运用其他学科的知识和思维方式来分析和评价文学作品，可以培养学生的创新能力和批判性思维。这种方式鼓励学生从不同的角度思考问题，发现新的问题和解决问题的方法，有助于提高学生的综合素质和未来竞争力。

3.语文学科与其他学科的融合可以促进学生的情感发展和价值观培养

通过将文学作品与其他学科的知识和情感相结合，可以使学生更好地理解文学作品中所蕴含的情感和价值观。例如，在历史事件中挖掘文学故事可以帮助学生更好地理解历史事件中的情感和价值观；在地理环境中考古文学描述可以帮助学生培养对自然环境的尊重和保护意识。这些跨学科的学习方式有助于学生的情感发展和价值观培养，使他们成为具有社会责任感和人文关怀的人。

（二）将语文学科与其他艺术形式相结合

语文学科与其他艺术形式的结合，是一种富有创新性和启发性的教育方式，它能够丰富学生的阅读体验，激发他们对不同艺术形式的兴趣，同时也能增强学生的审美能力和创造力。

1.音乐与语文的结合，可以引导学生从音乐的角度欣赏文学作品

音乐是一种富有情感的艺术形式，它能够通过旋律、节奏和音色等元素传达出丰富的情感和意境。在语文教学中，教师可以引导学生通过音乐来感受文学作品中的情感和主题，从而加深对作品的理解和感悟。例如，在阅读诗歌时，教师可以播放相应的音乐，让学生在音乐的氛围中感受诗歌的韵律和情感；在阅读小说时，教师可以引导学生通过音乐来感受作品中的情感变化和情节发展。

2.绘画与语文的结合，可以引导学生从视觉角度感受文学作品的意境

绘画是一种视觉艺术形式，它能够通过色彩、线条和构图等元素创造出丰富的视觉效果。在语文教学中，教师可以引导学生通过绘画来感受文学作品中的形象和意境，从而加深对作品的理解和感悟。例如，在阅读小说时，教师可以引导学生根据作品中的情节和人物形象进行绘画创作，从而将文学作品中的形象转化为视觉艺术；在阅读诗歌时，教师可以引导学生通过绘画来表现诗歌中的意象和情感。

3.舞蹈与语文的结合，可以丰富学生的阅读体验

舞蹈是一种富有表现力的艺术形式，它能够通过身体语言传达出丰富的情感和意境。在语文教学中，教师可以引导学生通过舞蹈来表现文学作品中的情感和主题，从而增强学生对作品的理解和感悟。例如，在阅读小说时，教师可以引导学生根据作品中的情节和人物形象进行舞蹈创作，从而将文学作品中的

情感转化为身体语言；在阅读诗歌时，教师可以引导学生通过舞蹈来表现诗歌中的意象和情感。

（三）利用信息技术手段整合网络阅读资源

利用信息技术手段整合网络阅读资源是当前教育领域中一个非常重要的趋势。网络阅读资源不仅数量庞大，而且种类繁多，包括学术论文、科普文章、专业博客、新闻报道、小说、漫画等。这些资源为教师和学生提供了丰富的阅读材料，有助于拓宽学生的知识面和阅读视野。

为了充分利用网络阅读资源，教师可以通过以下几种信息技术手段来实现。

1.建立阅读资源库

教师可以根据教学大纲和学生的兴趣爱好，从网络上收集各种类型的阅读材料，并建立专门的资源库。这样能够方便学生在课余时间进行阅读，并且有助于学生积累知识和拓宽视野。

2.推荐优秀的阅读网站和App

网络上有很多优秀的阅读网站和App，它们提供了丰富的阅读资源和便捷的阅读方式。教师可以向学生推荐一些适合他们的阅读网站和App，例如学术论文网站、科普网站、专业博客平台、电子书阅读器等。

3.利用在线协作工具进行小组阅读

教师可以组织学生进行小组阅读，利用在线协作工具（如QQ、微信、石墨文档等）来共享阅读材料、讨论问题和交流心得。这种方式能够提高学生的阅读兴趣和阅读能力，同时培养学生的团队协作精神。

4.利用人工智能技术进行个性化推荐

人工智能技术可以根据学生的阅读习惯和兴趣爱好，为学生推荐合适的阅读材料。教师可以利用这种技术来为学生推荐合适的阅读资源，从而帮助学生更好地了解当前的社会和科技发展。

5.建立在线交流平台

教师可以建立一个在线交流平台，让学生可以在平台上分享自己的阅读心得、讨论问题、交流意见等等。这种方式能够增强学生之间的交流和互动，同时也有助于提高学生的阅读兴趣和阅读能力。

（四）组织跨学科的阅读活动

教师可以通过组织跨学科的阅读活动，促进学生对不同学科知识的理解和掌握，增强他们的团队协作能力和表达能力。以下是一些组织跨学科阅读活动的建议。

1.确定主题

教师需要选择一个跨学科的主题，例如环保、科技、历史等，并选择相关的书籍或文章作为阅读材料。这些材料应该涵盖多个学科领域，以便学生能够从不同的角度思考问题。

2.制订计划

教师需要制订详细的计划，包括活动的时间、地点、参与人数、活动流程等。在活动开始前，教师需要向学生介绍主题和阅读材料，并确保学生已经准备好讨论。

3.组织讨论

在活动中，教师需要引导学生进行讨论，并鼓励学生分享自己的观点和看法。教师可以通过提问、引导、总结等方式，帮助学生深入思考问题，并促进不同学科之间的交流和融合。

4.促进团队协作

教师可以将学生分成小组，并要求他们针对主题进行讨论。小组讨论可以促进学生之间的交流和合作，培养他们的团队协作能力和沟通能力。

5.给予反馈

在活动结束后，教师需要给予学生反馈，指出他们在讨论中的优点和不足之处，并鼓励他们继续努力。教师还可以提供一些建议和指导，帮助学生更好地理解和掌握不同学科的知识。

6.定期组织

教师需要定期组织跨学科阅读活动，以便不断加强学生对不同学科知识的理解和掌握。同时，教师还可以根据学生的兴趣和需求，不断调整和优化活动内容和形式。

通过组织跨学科的阅读活动，学生可以更好地理解和掌握不同学科的知识，增强他们的团队协作能力和表达能力。这些活动可以激发学生的学习兴趣，促进他们思考问题的深度和广度，并培养他们的创新能力和批判思维能力。

（五）建立跨学科的阅读评价体系

建立跨学科的阅读评价体系是非常有意义的，它可以帮助学生更好地理解和应用跨学科知识，提高学生的综合素质。以下是一些建议，以帮助教师建立有效的跨学科阅读评价体系。

1.确定评价标准

教师需要明确评价学生跨学科阅读能力的标准，包括阅读内容的理解、分析、评价和应用等方面。这些标准应该具体、可操作、可衡量，并符合学生的学习需求和教学目标。

2.设计评估工具

教师可以设计各种评估工具，如阅读理解测试、案例分析、小组讨论、项目报告等，以评估学生的跨学科阅读能力。这些工具应该能够全面地评估学生的阅读理解、分析、评价和应用能力，并能够提供反馈和建议，帮助学生改进他们的表现。

3.定期评估

教师需要定期评估学生的跨学科阅读能力，以确保学生能够达到预期的学习目标。教师可以通过课堂观察、学生表现记录、学生反馈等方式收集数据，并进行分析和评估。

4.关注学生的个体差异

学生的个体差异是跨学科阅读评价体系的重要组成部分。教师需要关注学生的兴趣、学习风格和能力水平，并根据这些差异制定个性化的教学策略和评估方法。

5.鼓励学生参与

学生是跨学科阅读评价体系的主体，教师应该鼓励学生积极参与评价过程，并提供机会让他们表达自己的观点和想法。通过这种方式，学生可以更好地理解和应用跨学科知识，提高他们的阅读能力和综合素质。

6.与其他学科教师合作

为了更好地评价学生的跨学科阅读能力，教师需要与其他学科教师合作。他们可以共同制定评价标准、设计评估工具、分享教学资源和经验，以及讨论如何更好地整合跨学科知识。

第三节　阅读材料的选择与改编

一、阅读材料的选择原则

（一）符合学生的年龄特点和认知水平

阅读是学生学习和发展的重要途径，而作为阅读教学的关键环节，教师应当关注学生的年龄特点和认知水平，选择符合学生实际需求的阅读材料，以确保教学效果。

教师应当了解不同年龄段学生的阅读兴趣和认知特点。对于低年级学生来说，他们通常更喜欢图文并茂、色彩鲜艳的绘本故事，而对于高年级学生来说，他们更倾向于阅读情节丰富、人物形象生动的长篇故事。因此，教师在选择阅读材料时，应当根据学生的年龄段和年级段进行分类，选择适合他们阅读的材料。

教师应当关注学生的理解能力和语言发展水平。不同年龄段的学生在理解能力和语言表达能力方面存在差异，因此教师在选择阅读材料时，应当考虑到学生的实际水平，选择适合他们理解和表达的材料。例如，对于低年级学生来说，教师可以选择一些简单的童话故事或寓言故事，而对于高年级学生来说，可以选择一些情节复杂、人物形象丰富的长篇小说或科普类文章。

除了选择符合学生实际需求的阅读材料，教师还应当注重培养学生的阅读兴趣和阅读能力。教师可以通过多种方式激发学生的阅读兴趣，如组织阅读分享会、开展阅读竞赛等。同时，教师还应当注重培养学生的阅读习惯和方法，如引导学生掌握正确的阅读技巧和阅读方法，提高他们的阅读效率和阅读能力。

（二）注重经典文学作品和优秀现代阅读材料的推荐和选择

注重经典文学作品和优秀现代阅读材料的推荐和选择，对于提高学生的阅读水平具有重要意义。

1.经典文学作品推荐

中国古代文学：如《红楼梦》《水浒传》《西游记》等经典小说，以及《诗经》《楚辞》等古代诗歌。这些作品具有极高的文学价值和审美价值，能够帮助学生提高文学素养，拓展思维空间。

外国文学：如莎士比亚的戏剧、雨果的作品、海明威的小说等，这些经典文学作品不仅具有极高的文学价值，而且能够拓宽学生的视野，提高对不同文化的理解和欣赏能力。

现代经典文学作品：如余华、莫言等当代作家的作品，这些作品往往具有鲜明的时代特征，能够帮助学生了解当代社会的发展和变化。

2.优秀现代阅读材料选择

诗歌：推荐一些现代诗歌的选集或单行本，如北岛、舒婷等当代诗人的作品。这些诗歌往往具有鲜明的时代特征，能够激发学生的阅读兴趣和创造力。

散文：推荐一些优秀的散文集，如林清玄、周国平等作家的作品。这些作品往往具有深刻的思考和独特的见解，能够帮助学生提高思考能力和表达能力。

短篇小说：推荐一些优秀的短篇小说集，如鲁迅、阿城等作家的作品。这些作品往往情节紧凑、语言简练，能够帮助学生提高阅读速度和理解能力。

网络文学：推荐一些优秀的网络文学作品，如网络小说、网络诗歌等。这些作品往往具有创新性和多元性，能够满足学生对于新鲜事物的探索欲望。

教师在推荐阅读材料时，除了注重经典文学作品的传承和推广，也要关注现代文学的发展和变化，为学生提供更多元、更丰富的阅读选择。同时，教师还应注重引导学生进行阅读思考和讨论，鼓励学生发表自己的见解和想法，培养他们的阅读能力和创造力。

（三）多样性原则，推荐不同类型的阅读材料

阅读是教育的重要组成部分，它可以丰富学生的知识、拓宽他们的视野，同时也有助于培养他们的思维能力和审美情趣。为了更好地满足学生的阅读需求，教师应当遵循多样性原则，推荐不同类型的阅读材料。

推荐阅读材料的多样性有助于学生拓展阅读视野。不同类型、不同风格的

阅读材料可以让学生接触到不同的思想、文化和知识，从而拓宽他们的阅读视野。小说、散文、诗歌等不同类型的阅读材料可以满足不同学生的兴趣爱好，让他们在阅读中感受到不同的情感和思想。

推荐阅读材料的多样性有助于培养学生的多元化审美情趣和思维能力。通过阅读不同类型的作品，学生可以培养出多元化的审美观，学会欣赏不同的文学风格和表达方式。同时，多样化的阅读材料也可以锻炼学生的思维能力，让他们学会从不同的角度看待问题，提高他们的思考深度和广度。

除了推荐不同类型的阅读材料，教师还可以根据不同学科的特点和需求，推荐相应的阅读材料。例如，在语文学科中，教师可以推荐一些优秀的古诗词、现代诗歌等，这些文学作品能够帮助学生更好地理解和运用语言文字；在历史学科中，可以推荐一些历史题材的小说或传记等，这些作品能够帮助学生更好地了解历史事件和人物。通过跨学科的阅读推荐，教师可以帮助学生更好地理解和运用所学知识，提高他们的综合素质和能力。

此外，教师还可以鼓励学生自主选择阅读材料，尊重他们的阅读兴趣和爱好。这样可以激发学生的阅读热情，培养他们的阅读习惯和自主阅读能力。同时，教师还可以组织各种形式的阅读活动，如读书会、朗诵比赛、读书笔记评选等，鼓励学生积极参与，从而更好地促进学生的阅读发展。

二、阅读材料的改编方式

（一）根据学生的实际需要，对原作进行删减或改编

在教育过程中，教师需要根据学生的实际需要，对原作进行适当的删减或改编，使之更符合学生的阅读需求。具体来说，教师可以通过以下几种方式来实现这一目标。

1.简化语言难度：降低阅读难度，提高阅读兴趣和自信心

教师在为学生选择阅读材料时，可以通过对原作中的复杂词汇和句子结构的简化，使之更符合学生的语言水平。这样能够降低学生的阅读难度，使他们更容易理解和掌握阅读材料的内容。同时，教师还可以通过使用生动、形象的表达方式，帮助学生更好地理解原作中的抽象概念和复杂思想。这种做法不仅

可以提高学生的阅读兴趣，还能增强他们的自信心，使他们更加愿意主动阅读。

2.调整篇幅长度：根据需求，对原作进行适当篇幅调整

学生的阅读时间和精力都是有限的。因此，教师在选择阅读材料时，可以根据学生的阅读需求和时间，对原作进行适当的篇幅调整。如果原作篇幅过长，教师可以将其精简或删减一些内容，使之更适合学生的阅读需求。这样既能节省学生的阅读时间，又能保证他们能够充分理解和掌握阅读材料的核心内容。此外，教师还可以根据学生的兴趣和爱好，选择一些篇幅适中、内容有趣的阅读材料，以激发学生的阅读热情。

3.突出重点内容：帮助学生更好地理解和掌握原作的核心内容

教师可以通过对原作的重点内容进行突出和强调，帮助学生更好地理解和掌握阅读材料的核心内容。教师可以根据学生的理解能力和兴趣，选择一些关键信息或具有启示性的段落进行重点讲解，以便学生能够深入理解这些内容。同时，教师还可以引导学生自行总结和归纳阅读材料的核心内容，培养他们的逻辑思维能力和总结能力。这种做法不仅可以提高学生的学习效果，还能增强他们的阅读体验，使他们更加愿意主动阅读。

（二）对原作进行创新性改编，激发学生的阅读兴趣

除了对原作进行适当的删减或改编，教师还可以通过创新性改编的方式，激发学生的阅读兴趣。具体来说，教师可以通过以下几种方式来实现这一目标。

1.改变叙事方式

教师可以通过改变故事的叙事方式来吸引学生的注意力，如将传统的线性叙事改为非线性的叙述方式，或者采用故事地图、时间线等方式来呈现故事情节。这种方式不仅可以增加故事的新颖性和趣味性，还可以帮助学生更好地理解故事的结构和情节发展。例如，在讲述《小红帽》这个故事时，教师可以制作一个时间线图表，将小红帽在不同时间点的行为和遭遇展示出来，这样学生可以更直观地理解故事的发展过程。

2.增加插图

插图是增强阅读体验的有效工具。教师可以在原作的基础上增加一些插图，这些插图可以是手绘的、印刷的或者是数字形式的。这些插图不仅可以帮助学

生更好地理解故事情节和人物形象，还可以增加阅读的趣味性，激发他们的阅读兴趣。例如，在讲述《灰姑娘》这个故事时，教师可以准备一些与故事情节相关的插图，让学生在阅读时可以更加直观地理解故事的发展和人物形象。

3.创设情境

教师可以通过创设与故事情节相关的情境来帮助学生更好地理解和体验故事情节。这些情境可以包括角色扮演、游戏、音乐、舞蹈等。例如，在讲述《阿里巴巴和四十大盗》这个故事时，教师可以组织学生进行角色扮演，让学生扮演阿里巴巴或盗贼，通过游戏的方式体验故事情节的紧张。这些情境不仅可以帮助学生更好地理解故事情节，还可以激发他们的学习兴趣和积极性，让他们更加热爱阅读。

（三）对现代阅读材料进行文学性的改编

对于现代阅读材料，教师可以通过文学性的改编方式来增强其文学性和艺术性，以吸引学生的阅读兴趣。具体来说，教师可以通过以下几种方式来实现这一目标。

对于朗诵形式，教师可以根据诗歌或散文的内容和情感，将其改编成适合朗诵的形式。例如，可以将诗歌改编成配乐诗朗诵的形式，通过配乐的辅助，增强朗诵的情感表达和艺术性。教师可以选择与诗歌情感相匹配的音乐，让学生在优美的旋律中感受诗歌的意境和情感。此外，教师还可以将散文改编成独诵或集体朗诵的形式，鼓励学生根据自己的理解和感受进行朗诵，增强学生的自信心和表达能力。

对于表演形式，教师可以根据诗歌或散文的内容和情节，将其改编成适合表演的形式。例如，可以将诗歌改编成舞台剧或音乐剧的形式，通过戏剧的情节和音乐的辅助，展现诗歌的意境和情感。教师可以选择与诗歌情感相符的剧本和音乐，让学生在表演中感受诗歌的魅力。此外，教师还可以将散文改编成小品或话剧的形式，通过短小精悍的表演，让学生更加直观地理解和感受散文的内容和情感。

除了以上两种形式，教师还可以在朗诵和表演中注重配乐设计。配乐是增强朗诵或表演情感表达和艺术感染力的重要手段之一。教师可以选择与诗歌或散文情感相符的乐曲，根据朗诵或表演的节奏、氛围和情感变化进行适当的调整。这样不仅可以激发学生的情感共鸣和想象力，还可以增强朗诵或表演的艺术效果。

三、教师的作用和角色

（一）教师需要具备丰富的文学知识和教学经验

教师需要具备丰富的文学知识和教学经验，这是成功引导学生阅读并培养他们的阅读兴趣和阅读能力的重要前提。

教师需要具备扎实的文学知识。文学知识是教师必备的基础，包括文学理论、文学史、文学流派、文学风格等。教师需要了解不同文学体裁的特点和表现手法，如小说、诗歌、散文、戏剧等，以便能够选择和改编适合学生的阅读材料。同时，教师还需要熟悉各种文学流派和风格，以便能够为学生提供更加多元化的阅读体验。此外，教师还需要对文学批评理论有一定的了解，以便能够引导学生对文学作品进行深入分析和思考。

教师需要具备丰富的教学经验。教学经验是教师不可或缺的财富，它可以帮助教师更好地了解学生的学习需求和特点，灵活运用不同的教学方法和技巧，激发学生的兴趣和积极性。在引导学生阅读时，教师需要根据学生的实际情况和需求，选择适合的教学方法和技巧。例如，教师可以采用不同的阅读策略和技巧，如预测、推理、推断等，帮助学生更好地理解文本；教师还可以通过组织讨论、分享观点、开展小组活动等方式，激发学生的思考和交流能力。

（二）教师需要引导学生进行阅读

除了拥有丰富的文学知识和教学经验，教师还需要注重培养学生的阅读兴趣和阅读能力。为了实现这一目标，教师需要深入了解学生的兴趣爱好和阅读需求，并为其提供合适的阅读材料。教师不仅需要教授学生如何阅读，还要培养他们的阅读习惯和阅读能力，这将对他们未来的学习和生活产生深远的影响。

教师需要了解学生的兴趣爱好和阅读需求。每个学生都是独一无二的个体，他们有着不同的兴趣和需求。教师需要认真倾听学生的想法，关注他们的阅读倾向，并以此为依据选择适合他们的阅读材料。同时，教师还需要根据学生的年龄、认知水平和阅读能力等因素，为他们提供适当的阅读材料，以满足他们的不同需求。

教师需要设计有趣的阅读任务和活动，激发学生的阅读兴趣和好奇心。教师可以利用故事接龙、角色扮演、小组讨论等形式，引导学生积极参与阅读活动。这些活动可以帮助学生更好地理解阅读材料，提高他们的语言表达能力和思考能力。同时，教师还可以鼓励学生分享自己的阅读心得和感受，让他们感受到阅读的乐趣和价值。

除了激发学生的兴趣和好奇心，教师还需要培养他们的阅读习惯和阅读能力。为了实现这一目标，教师需要为学生提供丰富的阅读资源和平台，帮助他们建立良好的阅读环境。教师可以鼓励学生自主选择适合自己的阅读材料，并提供相关的书籍、杂志、报纸等资源。此外，教师还可以鼓励学生参加各种阅读俱乐部、读书会等活动，与他人分享自己的阅读心得和体验。

为了促进学生的自主学习和发展，教师还需要给予学生充分的自由空间。教师需要鼓励学生自主思考、分析和解决问题，培养他们的自主学习能力和创造力。同时，教师还需要为学生提供足够的支持和指导，帮助他们克服阅读过程中的困难和挑战。通过这种方式，教师可以帮助学生树立自信，培养他们的自信心和自尊心，让他们在阅读中不断成长和进步。

（三）教师需要与其他学科教师和家长合作

教师与其他学科教师和家长的合作是非常重要的，因为学生的成长和发展是一个综合性的过程，需要多方面的支持和引导。教师需要与其他学科教师密切合作，共同制订教学计划和方案，关注学生的全面发展，共同培养学生的综合素质和能力。

教师需要与其他学科教师合作，共同制订教学计划和方案。不同学科的教师有不同的教学重点和方法，但它们都是为了促进学生的全面发展。教师需要与其他学科的教师一起讨论学生的学习需求和特点，共同制定适合学生的教学计划和方案。这需要教师们互相尊重、互相学习、互相支持，形成一个团结协作的团队。

教师需要与家长保持密切联系，及时沟通学生的情况和学习进展。家长是学生的第一任教师，也是学生成长的重要支持者。教师需要与家长保持密切联系，及时反馈学生的学习情况和进展，帮助家长了解学生的学习需求和特点，共同关注学生的成长和发展。这需要教师与家长建立良好的关系，保持开放、透明和真诚的沟通方式。同时，教师也需要尊重家长的意见和建议，积极采纳家长提出的好的建议和方法。

除此之外，教师还需要尊重学生个体的差异性和特殊性，针对每个学生的特点和需求进行个别化教育。学生之间的差异是很大的，包括兴趣爱好、学习能力、个性特点等各个方面。教师应该认真倾听每个学生的声音，关注他们的特点和需求，根据实际情况调整教学策略和方法，尽可能地满足每个学生的需求。另外，教师也需要鼓励学生参与各种课外活动和社团组织，拓宽学生的视野和增加经验。这些活动和组织可以帮助学生发展社交技能、团队合作能力和领导能力等重要素质。教师需要积极鼓励学生参与这些活动和组织，同时也要给予必要的支持和指导。

第六章　初中语文阅读教学中教师角色创新

第一节　教师作为引导者和促进者

一、激发阅读兴趣

作为教师，激发阅读兴趣是引导学生主动参与阅读活动的重要手段。为了达到这个目标，我们可以采取以下方法。

（一）创设阅读环境

创设阅读环境对于培养学生的阅读习惯和提高阅读兴趣具有重要意义。以下是一些关于如何创设阅读环境的建议。

1.提供专门的阅读空间

学校应该为学生提供专门的阅读空间，如图书角或图书馆。这些地方应该保持安静、整洁，有良好的照明和温度调节设施。此外，学校还可以考虑为这些空间提供舒适的座椅和适合阅读的灯光，让学生能够在一个舒适的环境中享受阅读的乐趣。

2.融入校园文化

除了提供专门的阅读空间，学校还可以将阅读融入校园文化中。例如，设立阅读长廊或设置读书角，让学生随时随地都能感受到阅读的氛围。此外，学校还可以举办各种与阅读相关的活动，如读书俱乐部、朗诵比赛、故事会等，以激发学生的阅读兴趣。

3.建立良好的阅读氛围

为了建立良好的阅读氛围，学校可以鼓励学生互相推荐好书、分享阅读心得和交流阅读体验。此外，学校还可以组织学生参加各种阅读活动，如读书报告会、辩论赛等，让学生在参与活动的过程中不断提高自己的阅读能力和思考能力。

4.提供适合学生阅读的书籍

学校应该为学生提供适合他们年龄和兴趣的书籍。在选择书籍时，应该考虑到学生的需求和兴趣，选择各种类型的书籍，如小说、科普读物、历史故事等。此外，学校还可以定期更新书籍，以保证学生能够接触到最新的书籍和作品。

5.建立有效的反馈机制

为了鼓励学生积极参与阅读活动并保持阅读习惯，学校应该建立有效的反馈机制。例如，学校可以设立阅读积分制度或奖励制度，以表彰那些积极参与阅读活动的学生。此外，学校还可以定期组织家长会或与学生家长沟通，了解学生在家庭中的阅读情况，共同促进学生阅读习惯的养成。

（二）开展阅读活动

1.组织阅读分享会

学校和教师可以定期组织阅读分享会，鼓励学生分享自己最喜欢的书籍和阅读心得。学生可以分享自己在阅读过程中的收获、感想、疑问和困惑，与其他同学交流心得体会，从而加深对文学作品的了解和认识。通过这样的活动，学生可以更好地感受到阅读的魅力，激发他们的阅读兴趣。

2.举办读书会

学校和教师可以定期举办读书会，邀请一些知名的作家、学者或老师与学生面对面交流。通过与作者近距离的交流，学生可以更深入地了解文学作品，同时也可以激发他们的阅读兴趣和求知欲。此外，学校和教师可以鼓励学生自发组织读书会，邀请同学一起分享自己喜欢的书籍和阅读经验，从而增强阅读的自信心和成就感。

3.开展朗诵比赛

学校和教师可以定期组织朗诵比赛，让学生通过朗诵文学作品来展示自己的阅读成果。朗诵比赛不仅可以锻炼学生的口语表达能力，还可以让他们更好地理解文学作品，增强对文学作品的欣赏能力。此外，学校和教师可以鼓励学生在比赛中尝试多样化的文学作品，拓宽他们的阅读范围。

4.建立读书俱乐部

学校可以组织一些有共同兴趣爱好的学生成立读书俱乐部，让学生互相交流自己喜欢的书籍和阅读经验。读书俱乐部可以定期举办活动，如读书沙龙、座谈会、图书交换等，从而让学生在轻松愉快的氛围中享受阅读的乐趣。这样的组织形式不仅可以增强学生的阅读兴趣和阅读能力，还可以增强他们的团队协作能力和人际交往能力。

5.建立学校图书馆

学校应该积极建立学校图书馆，为学生提供丰富的阅读资源。学校图书馆应该定期更新图书资源，提供多种类型的文学作品，如小说、诗歌、散文、传记等。此外，学校图书馆应该为学生提供良好的阅读环境，如舒适的座位、适宜的光线、安静的氛围等。这样的环境有利于激发学生的阅读兴趣和积极性。

（三）给予正面反馈

1.给予正面反馈的重要性

对于学生的阅读行为，给予积极的反馈和鼓励是非常关键的。这种反馈能够让学生感受到自己的努力得到了认可，从而增强阅读的自信心。积极的反馈可以让学生更加愿意投入到阅读中，并且对阅读产生更多的兴趣和动力。

2.教师和家长的角色

教师和家长是学生在阅读过程中的重要支持者，应该关注学生的阅读行为，并及时给予积极的反馈和鼓励。教师可以通过在课堂上给予学生正面的评价、赞扬他们的阅读理解能力等方式来激发学生的阅读热情。家长则可以通过与孩子一起阅读、给予孩子肯定和鼓励等方式来增强孩子的阅读自信心。

3.评选荣誉称号激发学生的阅读热情

学校和教师可以定期评选出一些荣誉称号，如阅读之星、优秀读者等，以激发学生的阅读热情和积极性。这些荣誉称号可以给予学生一定的奖励，如奖状、奖品等，以激励他们更加努力地阅读。此外，学校和教师可以组织一些与阅读相关的活动，如读书会、朗诵比赛等，以促进学生之间的交流和互动。

4.持续关注和引导学生的阅读行为

教师和家长应该持续关注和引导学生的阅读行为，及时发现学生在阅读中存在的问题和困难，并提供相应的帮助和支持。同时，教师和家长还应该鼓励学生多读书、读好书，帮助他们选择适合自己的阅读材料，提高阅读水平。

5.培养良好的阅读习惯

除了给予积极的反馈和鼓励，教师和家长还应该注重培养良好的阅读习惯。这包括引导学生养成定时阅读的习惯、保持正确的阅读姿势、控制阅读时间等。良好的阅读习惯能够帮助学生更好地享受阅读的乐趣，提高阅读效率和质量。

二、培养阅读技巧

除了激发阅读兴趣，教师还需要教授学生一些基本的阅读技巧，以提高他们的阅读效率。

（一）教授阅读方法

为了提高学生的阅读效率和能力，教授阅读方法是非常必要的。基本的阅读方法包括略读、精读和批判性阅读。

1.略读

略读是一种快速浏览文章，寻找关键信息的方法。它适用于需要快速获取文章主旨的场合，如新闻报道、摘要等。通过略读，学生可以快速了解文章的大致内容，为后续的精读做好准备。在进行略读时，学生应该注意文章的主题、关键词、关键句和结构，以便快速把握文章的主旨和要点。同时，略读时也要注意不要过于关注细节，以免浪费时间。

2.精读

精读是一种仔细阅读文章，深入理解细节和逻辑关系的方法。它适用于需要深入了解文章内容的场合，如学术论文、报告等。在进行精读时，学生应该仔细阅读文章中的每个句子、段落和章节，理解其中的含义和逻辑关系。同时，学生还应该注意文章的用词、语法和修辞手法，以便更好地理解文章的内容和表达方式。通过精读，学生可以提高阅读质量，更好地掌握文章的核心内容和精髓。

3.批判性阅读

批判性阅读是一种结合分析和评价的阅读方法，旨在培养学生的批判性思维。它适用于需要评价文章观点、论据、逻辑等方面的场合，如评论、议论文等。在进行批判性阅读时，学生应该注意文章的整体结构和观点，对文章的论点和论据进行分析和评价。同时，学生还应该注意文章的不足之处和漏洞，以便更好地了解文章的优缺点，并提高自己的阅读判断力。通过批判性阅读，学生可以更好地评估文章的优缺点，并从中获得更多的启示和收获。

（二）培养阅读速度

为了提高学生的阅读速度和注意力集中能力，可以采用以下方法。

1.限时阅读

限时阅读是一种有效的教学方法，通过限定阅读时间，让学生在规定时间内完成阅读并回答相关问题，有助于训练学生的注意力集中能力和快速阅读技巧。这种方法通常适用于需要快速获取信息或对阅读速度有一定要求的阅读任务。

限时阅读的好处在于，它能够让学生在有限的时间内集中注意力，提高阅读效率，同时也能够培养他们的时间管理能力和时间意识。这种方法也有助于学生在有限的时间内做出快速的决策和反应，这对于他们未来的学习和生活也是非常重要的。

在进行限时阅读时，教师可以根据学生的阅读能力和任务难度来设置适当的时间限制。一般来说，阅读时间的设置应该根据学生的实际情况进行合理分配，以确保学生在规定时间内能够完成任务。同时，教师可以通过观察学生的表现和回答问题的情况来了解学生的阅读水平和快速阅读技巧，以便进一步进行有针对性的指导和训练。

2.计时阅读

计时阅读是一种让学生根据自己的实际情况进行阅读并记录自己阅读时间和效率的方法。这种方法有助于学生了解自己的阅读速度和习惯，并针对性地进行改进。

通过计时阅读，学生可以了解自己的阅读速度和习惯，从而发现自己在阅读中存在的问题和不足之处。这有助于学生针对性地进行改进和提高，例如通过调整阅读策略、增加词汇量、提高理解能力等途径来提高自己的阅读水平。

计时阅读可以帮助学生养成良好的时间管理习惯，培养他们的时间意识和自律性。在计时阅读的过程中，学生需要对自己的时间进行合理分配和安排，这有助于他们更好地掌控自己的时间和资源，为自己的学习和生活打下坚实的基础。

（三）指导阅读理解

为了提高学生的阅读理解能力，教师可以教授以下方法。

1.主旨提炼

在阅读文章时，主旨句或主题段是文章的核心所在。引导学生关注这些关键语句或段落，可以帮助他们更好地理解文章的中心思想。通过这种方法，学生可以把握文章的整体内容，避免陷入细节而忽略了重要信息。例如，在阅读一篇关于环保的文章时，主旨句可能是“保护环境是我们每个人的责任”。通过关注这一句，学生可以更好地理解文章的核心观点，并围绕这一观点展开讨论和思考。

2.细节理解

细节理解是阅读过程中的重要环节。通过问题设置或填空形式，引导学生关注文章的细节部分，如数字、时间、地点等。这种方法有助于学生更好地理解文章的细节内容，提高阅读质量。例如，在阅读一篇关于历史事件的文章时，可以设置一些关于时间、地点、人物等细节问题，帮助学生更好地理解文章的内容。同时，通过填空形式，学生可以更加深入地理解文章的细节，提高他们的阅读理解能力。

3.逻辑关系分析

逻辑关系分析是指引导学生关注文章的逻辑结构，如因果关系、递进关系等。这种方法有助于学生更好地理解文章的内在联系和逻辑性，提高阅读理解能力。例如，在阅读一篇关于科学研究的文章时，可以引导学生关注实验结果与实验目的之间的因果关系，帮助他们更好地理解实验的背景和意义。同时，通过分析文章的逻辑关系，学生可以更好地把握文章的结构和层次，提高他们的阅读速度和理解深度。

（四）提供反馈

为了帮助学生逐步提高阅读效率和能力，教师需要定期检查学生的阅读技巧掌握情况，给予针对性的反馈和指导。

1.定期测试

定期测试是评估学生阅读水平的有效方式之一。教师可以通过定期组织阅读测试，了解学生对阅读材料的理解程度，以及他们在阅读过程中的表现。通过这种方式，教师可以获取学生的阅读水平信息，以便更好地了解他们的阅读能力和需求。

在测试过程中，教师还可以提供针对性的反馈和建议，帮助学生了解他们在阅读过程中的优势和不足，以及如何改进和提高。这种反馈可以帮助学生在阅读过程中不断调整自己的阅读策略和方法，从而提高他们的阅读效率和能力。

2.个性化指导

针对学生的个体差异和需求，教师需要给予个性化的指导和建议。每个学生的学习风格、兴趣爱好和阅读能力都不同，因此，教师需要了解每个学生的特点，并根据他们的需求提供个性化的阅读材料和指导。

个性化指导可以帮助学生更好地理解和掌握阅读材料，提高他们的阅读兴趣和自信心。通过逐步提高阅读效率和能力，学生可以更好地适应不同的阅读任务和情境，并在阅读过程中获得更多的成就感和自信心。

3.建立档案

建立学生的阅读档案是教师跟踪和指导阅读能力发展的重要手段之一。教师可以通过记录学生的阅读表现和进步情况，更好地了解学生的阅读能力发展轨迹，并制定相应的指导和干预措施。

阅读档案还可以为教师提供一些额外的数据和信息，如学生在不同阶段的阅读能力水平、他们在阅读过程中的问题和挑战等。这些信息可以帮助教师更好地了解学生的需求和问题，并提供更有针对性的指导和建议。

三、指导阅读策略

针对不同学生的个体差异，教师需要提供个性化的阅读指导，帮助他们制订适合自己的阅读计划。以下是一些指导阅读策略的方法。

（一）个性化指导

1.个性化指导的背景和意义

随着教育的发展和信息化技术的不断推进，学生的阅读需求越来越多样化。

为了更好地满足学生的阅读需求，我们需要采取个性化指导的方式。个性化指导是指根据学生的兴趣、爱好、学习需求等，为他们量身定制阅读计划，提供针对性的阅读材料和指导。这种指导方式能够更好地满足学生的个性化需求，提高他们的阅读兴趣和阅读能力，促进他们的全面发展。

2.个性化指导的实施方法

实施个性化指导需要采取以下步骤。

（1）了解学生的兴趣、爱好、学习需求等，收集和分析学生的阅读数据。

（2）根据学生的特点和需求，为他们量身定制阅读计划，提供针对性的阅读材料和指导。

（3）定期跟踪和评估学生的阅读进展，及时调整阅读计划和指导方式。

（4）建立学生阅读档案，记录学生的阅读成果和进步，为后续的个性化指导提供依据。

在实施个性化指导的过程中，我们需要注意以下几点。

（1）尊重学生的个性差异，关注他们的兴趣爱好和学习需求，为他们提供个性化的阅读材料和指导。

（2）注重阅读材料的多样性和针对性，既要包括文学、科普、历史等不同类型的阅读材料，又要根据学生的特点和需求，为他们提供适合的阅读材料。

（3）加强与家长的沟通和合作，共同关注学生的阅读进展和成果，为他们的成长提供支持。

3.个性化指导的效果和影响

通过个性化指导，学生能够获得更好的阅读体验和效果。他们可以根据自己的兴趣和需求选择适合自己的阅读材料和方式，从而提高阅读兴趣和阅读能力。同时，个性化指导也能够促进学生的全面发展，提高他们的综合素质和能力。

个性化指导能够提高教师的教学水平和专业素养。教师需要不断学习和掌握新的教育理念和技术，了解学生的特点和需求，为他们提供更加精准和个性化的指导。这有助于提高教师的专业素养和教育水平，促进教育的发展和进步。

4.个性化指导的反思和改进

虽然个性化指导在实践中取得了一定的成效，但仍需要不断反思和改进。我们需要关注以下几个方面。

（1）个性化指导需要注重公平性和公正性，确保每个学生都能够获得平等的机会和资源。

（2）个性化指导需要加强与家长的沟通和合作，共同关注学生的成长和发展。

（3）个性化指导需要不断更新和完善阅读计划和指导方式，以适应教育的发展和学生需求的不断变化。

（二）制定目标

1.制定目标的重要性

与学生共同制定短期和长期的阅读目标，可以帮助他们明确自己的阅读方向和目标。设定具体的阅读目标，能够让学生有更清晰的方向去规划自己的阅读时间、选择合适的阅读材料，从而提高阅读效果和兴趣。同时，通过目标设定，学生也能够更好地了解自己的阅读进度和成果，进而激发他们的阅读热情。

2.设定具体的阅读目标

为了帮助学生更好地规划自己的阅读时间、选择合适的阅读材料，教师需要与学生共同制定具体的阅读目标。这些目标应该具有可衡量性、具体性和可达成性，如每天阅读多少页、每周阅读哪种类型的书籍等。通过这些目标的设定，学生可以更有针对性地进行阅读，从而提高阅读效果和兴趣。

3.帮助学生选择合适的阅读材料

除了设定具体的阅读目标，教师还需要根据学生的兴趣和阅读能力，帮助他们选择合适的阅读材料。对于初学者来说，可以选择一些简单的读物，如童话故事、科普文章等；对于有一定阅读基础的学生来说，可以选择一些更具有挑战性的书籍，如小说、诗歌等。同时，教师还可以推荐一些优秀的网络资源、电子书库等，让学生有更多的选择空间。

4.提供有针对性的指导和帮助

教师需要根据学生的阅读目标，为他们提供更有针对性的指导和帮助。这包括提供相关的阅读材料、提供一些学习技巧和方法、给予学生一些阅读反馈和评价等。通过这些指导和帮助，学生可以更好地了解自己的阅读情况，及时调整自己的阅读策略和方法，从而进一步提高阅读效果和兴趣。

5.阅读效果和兴趣的提升

通过与教师共同制定具体的阅读目标、选择合适的阅读材料以及得到有针对性的指导和帮助，学生能够更好地提高阅读效果和兴趣。同时，这些措施也能够帮助学生更好地了解自己的阅读能力、提高自己的综合素质和文学修养。因此，教师需要注重与学生之间的沟通和互动，及时了解学生的阅读情况和需求，为他们提供更好的指导和帮助。

（三）定期评估

1.定期评估学生的阅读进度和效果是至关重要的

定期评估可以提供一种有效的手段，以了解学生在阅读过程中的表现和进步。通过定期检查学生的阅读情况，教师可以获取有关学生在阅读中遇到的困难和问题的信息，以便及时调整指导策略，确保学生能够顺利完成阅读任务。

2.定期评估可以帮助学生更好地认识自己的阅读水平和能力

定期评估不仅可以提供关于学生阅读表现的客观数据，还可以帮助学生更好地认识自己的阅读水平和能力。通过比较自己在不同阶段的表现，学生可以了解自己的进步和不足之处，进而激发他们的阅读兴趣和动力。

3.定期评估有助于教师及时调整指导策略

通过定期评估，教师可以了解学生在阅读中遇到的普遍问题和困难，进而调整和优化自己的指导策略。这有助于提高学生的学习效率和阅读兴趣，同时也为教师提供了宝贵的反馈信息，以便更好地评估和改进自己的教学方法。

4.定期评估需要制定合理的评估标准和计划

为了确保定期评估的有效性和可靠性，教师需要制定合理的评估标准和计划。这些标准和计划应该基于学生的阅读水平和教学目标，以确保评估结果能够真实反映学生的阅读能力和进步情况。

5.定期评估应该注重过程和结果的综合评价

除了关注学生的阅读成绩和表现，教师还应该注重过程和结果的综合评价。

这包括学生在阅读过程中的参与度、态度、合作精神等方面的表现，以及他们在阅读任务中的创新思维和解决问题的能力。这些方面的评价有助于全面了解学生的阅读能力和潜力，为教师提供更有价值的反馈信息。

（四）鼓励自主学习

自主学习是一种以学生为中心的学习模式，它强调学生在学习过程中的主动性和创造性，旨在培养学生的自主思考能力和终身学习的习惯。鼓励学生自主选择阅读材料、制定阅读计划，是培养学生自主学和思考能力的重要途径。

自主选择阅读材料有助于激发学生的学习兴趣和积极性。通过让学生根据自己的兴趣和需求选择阅读材料，可以激发他们的阅读热情，让他们更加积极主动地参与到阅读过程中。这样，学生不再是被动地接受知识，而是成为学习的主体，充分发挥自己的主观能动性。

自主制订阅读计划有助于培养学生的计划性和组织能力。在自主阅读的过程中，学生需要制订阅读计划，明确阅读目标、时间安排和任务分配等。这个过程有助于培养学生的计划性和组织能力，让他们学会如何合理安排时间和资源，提高自己的学习效率。

通过自主阅读，学生可以提高自己的阅读能力和综合素质。自主阅读不仅要求学生对阅读材料进行深入的思考和理解，还要求学生能够根据实际情况调整自己的阅读策略和方法。这个过程有助于提高学生的阅读能力和思考能力，帮助他们更好地理解和掌握知识。同时，自主阅读还可以拓宽学生的视野，培养他们的创新精神和跨学科思维能力，提高他们的综合素质。

教师可以通过观察学生的自主阅读情况，及时发现他们在阅读中遇到的问题和困难，给予他们更有针对性的指导和帮助。教师作为学生自主学习的引导者和支持者，应该关注学生的阅读过程和表现，及时给予指导和帮助。通过观察和分析学生的自主阅读情况，教师可以更好地了解学生的学习需求和困难，制定更有针对性的教学策略和方法，帮助他们更好地实现自主学习和提高自己的综合素质。

第二节 教师作为合作者和学习者

一、与学生建立合作关系

作为教师，与学生建立合作关系是促进阅读教学的重要方式之一。通过与学生共同参与阅读活动，教师可以更好地了解学生的阅读兴趣和需求，同时也可以提高学生的阅读兴趣和阅读能力。在与学生合作的过程中，教师应该注意以下几点。

（一）尊重学生

尊重学生是教育过程中非常重要的一部分。以下是关于如何尊重学生的几点建议。

1.倾听学生的声音

教师应该尊重学生的意见和想法，并尽可能倾听他们的声音。在课堂上，教师应该鼓励学生表达自己的观点和想法，并给予他们平等的参与机会。通过倾听学生的声音，教师可以更好地了解他们的需求和想法，从而更好地满足他们的学习需求。

2.尊重学生的个人差异和特点

每个学生都是独一无二的个体，具有不同的兴趣、能力和背景。教师应该尊重学生的个人差异和特点，并采取个性化的教学方法和策略来满足他们的学习需求。这种尊重可以促进学生的个性发展和自主学习能力的培养。

3.给予学生平等的机会

教师应该平等地对待每一个学生，并给予他们平等的机会来参与课堂活动和讨论。这包括在课堂上提供各种任务和项目，以使学生可以展示自己的技能和能力，并给予他们平等的参与机会来回答问题、发表观点和展示成果。

4.尊重学生的隐私权

教师应该尊重学生的隐私权，并确保学生的个人信息和作业得到妥善保管。在处理学生的个人信息时，教师应该遵守相关的法律法规和道德规范，并确保学生的隐私得到保护。

5.给予学生积极的反馈

教师应该给予学生积极的反馈，并鼓励他们表达自己的感受和想法。通过积极的反馈，教师可以帮助学生了解自己的优点和不足之处，并鼓励他们继续努力和提高自己的能力。同时，教师应该尊重学生的意见和想法，并给予他们适当的支持和指导，以使他们能够更好地适应学习和生活环境。

（二）鼓励学生参与

鼓励学生在阅读活动中的参与可以促进阅读教学效果的提升。以下是一些具体的建议。

1.设计有趣的阅读任务

教师可以根据学生的兴趣和阅读材料的特点，设计一些有趣的阅读任务，如角色扮演、故事接龙、小组讨论等，以激发学生的阅读兴趣和积极性。

2.组织小组讨论

小组讨论是一种有效的互动方式，可以让学生有机会展示自己的阅读成果和阅读理解能力。教师可以在课堂上组织小组讨论，让学生分享自己的阅读心得和思考，同时也可以引导学生进行深入的讨论和思考。

3.提供阅读材料

教师可以根据学生的阅读水平和兴趣，提供一些适合的阅读材料，如小说、科普文章、诗歌等，以激发学生的阅读兴趣和积极性。同时，教师也可以提供一些参考书籍和资源，帮助学生更好地理解和掌握阅读材料。

4.给予思考时间和表达机会

教师应该在课堂上给予学生足够的思考时间和表达机会，让学生能够充分展示自己的阅读理解能力。教师可以根据学生的表现和反馈，及时调整教学策略和方法，以更好地满足学生的需求。

5.给予支持和鼓励

教师应该给予学生支持和鼓励，让学生感受到自己的努力和进步得到了认可和肯定。教师可以通过口头表扬、奖励等方式，激发学生的自信心和积极性。

（三）给予反馈

作为教师，给予学生反馈是提高阅读教学效果的关键环节之一。及时给予学生反馈不仅能够帮助他们了解自己的阅读表现和阅读理解能力，同时也能让学生知道教师对他们的关注和期望。这种积极的反馈不仅有助于提高学生的阅读成绩，还能增强他们的自信心和阅读兴趣。

教师可以通过多种方式给予学生反馈，如口头评价、书面评语、成绩评定等。这些反馈意见和建议可以帮助学生发现自己的优点和不足之处，指导他们如何改进和提高自己的阅读表现。同时，教师还应该给予学生积极的鼓励和肯定，让他们感受到自己的进步和努力得到了认可。这样可以增强学生的自信心和学习动力，激发他们对阅读的热情和兴趣。

口头评价是一种简单而有效的方式，教师可以随时给予学生反馈。当学生在课堂上回答问题或分享阅读心得时，教师可以通过口头表扬、鼓励或提出建议来给予反馈。这种方式能够让学生感受到教师的关注和认可，增强他们的自信心和阅读兴趣。

书面评语是教师给予学生反馈的一种重要方式。教师可以在学生的作业或测试后给予针对性的评价和建议，帮助他们了解自己的学习状况和进步情况。书面评语还可以与学生进行更深入的交流，让学生了解教师的期望和关注点，从而更好地改进自己的阅读表现。

成绩评定是教师给予学生反馈的一种方式。教师可以根据学生的阅读成绩、阅读理解能力、阅读速度等方面给予客观的评价和指导。这种方式能够让学生了解自己的整体阅读水平，同时也能让他们知道自己在哪些方面需要改进和提高。教师还可以根据学生的具体情况提出具体的建议和改进措施，帮助他们制订适合自己的学习计划。

除了以上几种方式，教师还可以通过其他途径给予学生反馈，如组织小组讨论、开展阅读活动等。这些方式能够让学生在互动中互相学习、互相帮助，提高他们的阅读能力和阅读兴趣。同时，教师还可以鼓励学生家长参与学生的阅读教育，与家长共同关注学生的阅读表现和进步情况，共同为提高学生的阅读能力而努力。

二、与同事合作

教师之间的合作也是促进阅读教学的重要方式之一。通过与同事合作，教师可以分享教学经验，共同解决阅读教学问题，从而提高教学效果和质量。在与其他教师合作的过程中，教师应该注意以下几点。

（一）尊重同事

尊重同事是一种非常重要的职业素养，作为一名教师，我们应该时刻牢记这一点。在教育领域中，教师之间应该相互尊重，彼此理解，共同进步。

尊重同事是建立良好人际关系的基础。教师之间应该相互尊重彼此的教学风格和方法，避免对其他教师的教学方式进行批评或指责。我们应该学会倾听他人的意见和建议，尊重他人的专业知识和经验，这样才能更好地与同事合作，共同提高教学质量。

尊重同事也是团队合作的精神体现。在教育领域中，教师们需要相互合作，共同探讨阅读教学问题，寻找解决方案并共同实施。只有通过相互尊重和合作，我们才能更好地理解彼此的教学方法和理念，从而更好地合作，共同提高教学质量。

除了以上两点，尊重同事还有许多其他的好处。首先，尊重同事可以提高工作效率。在团队合作中，只有相互尊重、理解和支持，才能更好地发挥每个人的优势和特长，从而提高整个团队的工作效率。其次，尊重同事可以增强团队的凝聚力。只有相互信任、支持和尊重，才能建立良好的团队关系，增强团队的凝聚力和向心力。

为了更好地尊重同事，我们可以采取以下措施。

1.积极寻求合作

教师应该积极寻求与同事的合作机会，共同探讨阅读教学问题，寻找解决方案并共同实施。通过合作，我们可以更好地了解彼此的教学方法和理念，从而更好地提高教学质量。

2.学会倾听

教师应该学会倾听他人的意见和建议，尊重他人的专业知识和经验。这样可以更好地理解他人的观点和需求，从而更好地与他人合作。

3.保持谦虚和开放的心态

教师应该保持谦虚和开放的心态，不要自以为是或过于自信。我们应该虚心接受他人的意见和建议，不断反思自己的教学方法和理念，从而不断提高自己的专业素养和能力。

（二）共同解决问题

教师之间共同解决问题是非常重要的，因为团队合作可以提高工作效率和质量。在阅读教学中，教师可能会遇到各种各样的问题，如教学方法、教学资源、学生阅读兴趣等。这些问题需要教师们共同探讨，寻找解决方案并共同实施。通过共同解决问题，教师们可以更好地了解彼此的教学经验和思路，从而更好地相互配合，提高教学质量。以下是一些解决问题的方法。

1.组织教师研讨会或讨论会

这是教师们共同探讨问题、寻找解决方案的有效方式之一。在研讨会上，教师可以自由发表意见和建议，共同探讨解决问题的方法。这种会议可以促进教师之间的交流和互动，加深彼此之间的了解和信任。

2.集体备课

集体备课是一种教师之间互相学习的方式，可以帮助教师们相互借鉴、共同提高。通过集体备课，教师可以共同探讨教学大纲、教学方法、教学资源等问题，共同商讨适合学生的教学方法和策略。这种方式可以加强教师之间的合作，提高教学效率和质量。

3.互相听课

互相听课是一种相互学习、相互借鉴的方式。教师可以互相听课，观察彼此的教学方法和策略，从中学习和借鉴适合自己的教学方法和技巧。这种方式可以帮助教师们更好地了解彼此的教学思路和方法，从而更好地相互配合，提高教学质量。

除了以上几种方法，教师还可以通过其他方式共同解决问题。例如，利用网络平台进行在线讨论和交流，分享教学经验和思路；定期组织教学评估和反馈，及时发现问题并共同解决；鼓励教师参加培训和学习，不断提高自己的专业素养和能力等。

（三）分享经验

教师团队的发展对于教育质量的提升至关重要，而分享经验是促进教师团队发展的重要途径之一。通过与其他教师分享自己的教学经验和阅读教学方法，教师们可以相互学习、相互借鉴，从而更好地提高自己的教学水平和专业素养。

分享经验有助于教师们相互学习。教师们在教学实践中会遇到各种各样的问题和挑战，通过与其他教师的交流，可以了解到其他教师在处理这些问题时所采取的方法和策略，从而拓宽自己的思路和视野。此外，教师们还可以从其他教师的成功经验中汲取灵感，为自己的教学工作提供新的思路和方法。

分享经验有助于教师们相互借鉴。不同的教师有不同的教学风格和教学方法，通过分享经验，教师可以了解到其他教师在某些方面的优势和特长，从而为自己的教学工作提供有益的借鉴。同时，教师们也可以从其他教师的失败经验中吸取教训，避免自己在教学过程中重蹈覆辙。

为了促进教师团队的专业发展，教师可以采取多种方式分享经验。教师可以定期组织经验交流会或教学研讨会，让教师们自由发表意见和建议，相互学习、相互借鉴。通过这种方式，教师可以更加深入地了解其他教师的想法和观点，从而更好地调整自己的教学方法和策略。教师可以利用网络平台进行在线分享。随着信息技术的发展，越来越多的教师开始利用网络平台进行在线交流和分享。教师可以撰写教学论文、发表教学心得、分享教学资源等，将自己的经验和成果展示出来，从而吸引更多的关注和讨论。教师可以通过参加教学比赛等方式展示自己的教学经验和成果。教学比赛不仅可以锻炼教师的教学能力，还可以为教师提供一个展示自己才华的平台，从而吸引更多的关注和支持。

三、保持学习态度

（一）教师保持学习态度的重要性

教师保持学习态度的重要性不言而喻。教育工作者是塑造未来的一群人，他们的工作不仅关乎传授知识，更关乎如何引导学生成长。在这个过程中，教师保持积极的学习态度至关重要。

教师保持学习态度是适应教育改革的关键。随着教育改革的不断深入，教育理念和教学方法也在不断更新和发展。教师作为教育改革的实践者，必须不断更新自己的知识和技能，以适应教育改革的需求。教师需要不断学习新的教育理念和方法，探索新的教育技术和手段，以适应教育发展的趋势。

教师保持学习态度可以提高教学效果。阅读是教育的重要组成部分，也是学生获取知识的重要途径。随着教育技术的不断发展，传统的阅读教学方法已经不能满足学生的需求。教师需要不断探索新的阅读教学方法和手段，如多媒体教学、在线教学、互动式教学等，以提高教学效果。教师保持学习态度，不断更新自己的教学方法和手段，可以更好地激发学生的学习兴趣，提高学生的学习效果。

教师保持学习态度可以提高教师的专业素养。教育是一个不断发展的领域，新的研究成果和教育动态不断涌现。教师需要及时了解这些信息，以便更好地指导学生，提高教学质量。教师保持学习态度，关注最新的教育研究成果和教育动态，可以不断提高自己的专业素养，更好地适应教育改革的需求。

教师保持学习态度是对学生负责的表现。教师是学生成长过程中的重要引导者，他们的言行举止都会对学生产生影响。教师保持积极的学习态度，可以传递给学生一个积极向上的价值观，激励学生不断追求知识和进步。

（二）如何保持学习态度

为了保持积极的学习态度，教师需要采取以下措施。

1.制订学习计划

制订学习计划是教师提高教学水平和专业素养的重要步骤。教师需要制订明确的学习计划，包括学习目标、学习内容、学习时间等。这样可以确保教师有计划地进行学习，避免学习过程中的盲目性和随意性。在制订学习计划时，教师需要考虑自己的教学任务和学生的需求，制订符合实际情况的学习计划，确保学习计划的可行性和有效性。

2.积极参与培训

教师需要积极参与各种培训和学习活动，如参加学术会议、参加在线课程、阅读教育专业期刊等。这些活动可以帮助教师了解最新的教育理念和教学方法，提高自己的专业素养。教师还可以与其他教师交流和分享经验，共同探讨教育改革的方向和趋势，促进教师之间的相互学习和共同进步。

3.分享交流

教师之间需要加强交流和合作，分享教学经验和心得，共同探讨教育改革的方向和趋势。这样可以促进教师之间的相互学习和共同进步。教师可以通过组织教学研讨会、教学经验分享会等活动，让教师们相互交流、相互借鉴，共同提高教学水平和专业素养。

4.反思总结

教师需要定期反思自己的教学经验和不足之处，总结自己的成长和进步，发现问题并及时改进。这样可以不断提高自己的教学水平和专业素养。反思总结可以帮助教师发现自己的不足之处，及时调整自己的教学方法和策略，不断提高自己的教学水平和专业素养。同时，反思总结也可以帮助教师更好地了解学生的学习需求和特点，更好地满足学生的学习需求。

（三）教师角色的转变

随着教育改革的不断深入，教师的角色也在发生变化。从传统的知识传授者转变为学生的学习伙伴和指导者，是当前教育改革对教师提出的新要求。教师需要适应这种变化，从以下几个方面入手。

1.增强互动性

教师在教学中需要加强与学生的互动和沟通，鼓励学生积极参与教学过程，培养学生的自主学习能力和创新思维能力。

2.关注学生个体差异

学生之间存在个体差异，教师需要关注每个学生的特点和需求，因材施教，促进学生的个性化发展。

3.培养自主学习能力

教师需要注重培养学生的自主学习能力，引导学生掌握正确的学习方法和技巧，提高学生的学习效率和学习兴趣。

4.增强科研意识

教师需要增强科研意识，积极参与科研活动，了解最新的教育理论和研究成果，为教育教学提供科学依据和支持。

第三节　教师专业发展与创新阅读教学

一、提升专业素养

作为教师，提升专业素养是至关重要的。这可以通过参加专业培训和学术交流来实现。通过这些活动，教师可以了解最新的教育理念和教学方法，从而不断更新自己的知识体系，以满足创新阅读教学的需要。此外，教师还可以通过阅读教育类书籍、参加研讨会和观摩其他教师的教学等方式来提升自己的专业素养。

二、创新教学方法

（一）混合式教学

混合式教学是一种将在线学习和面对面学习相结合的教学方法，它通过多元化的教学手段，激发学生的学兴趣和主动性。在阅读教学中，教师可以通过以下方式来运用混合式教学。

1.利用在线资源

混合式教学的一个重要组成部分是利用在线资源，如视频、音频、图片等，帮助学生更好地理解阅读材料。教师可以通过网络平台提供阅读材料的音频或视频片段，或者提供相关的在线资源链接，让学生可以在课前或课后自主观看和学习。这些资源可以帮助学生更好地理解阅读材料的内容和背景，为后续的课堂教学打下基础。

2.组织面对面教学活动

除了在线资源，教师还可以组织小组讨论、角色扮演等面对面教学活动，以促进学生的参与和交流。在小组讨论中，教师可以引导学生围绕阅读材料展开讨论，鼓励学生发表自己的观点和想法，从而促进学生的思维能力和口头表达能力。在角色扮演中，教师可以根据阅读材料的情节和角色特点，组织学生进行角色扮演，从而更好地理解和体验阅读材料的内容。

通过混合式教学，教师可以更好地利用在线资源和面对面教学活动，激发学生的学习兴趣和主动性，促进学生的参与和交流，从而更好地实现阅读教学的目标。

（二）项目式学习

项目式学习是一种以项目为主线的教学方法，它鼓励学生通过合作探究、实践操作等方式解决问题。在阅读教学中，教师可以通过设计一些与阅读材料相关的项目，帮助学生更好地理解和运用所学的知识。

1.撰写读书报告

教师可以根据阅读材料的主题和内容，设计一个读书报告的项目，让学生通过小组合作的方式，搜集相关的资料和信息，撰写读书报告。通过这个项目，学生可以更好地理解和掌握阅读材料的内容和主题，同时也可以锻炼自己的写作能力和团队协作能力。

2.制作思维导图

思维导图是一种表达思维的重要工具，教师可以根据阅读材料的结构和层次，设计一个制作思维导图的项目，让学生通过小组合作的方式，将阅读材料的结构和层次用思维导图的形式表达出来。这个项目可以帮助学生更好地理解和掌握阅读材料的结构和层次，同时也可以锻炼学生的逻辑思维能力和创新能力。

3.角色扮演

对于一些具有情节性和角色特点的阅读材料，教师可以组织学生进行角色扮演的活动。学生可以通过扮演不同的角色，深入理解和体验阅读材料的内容和情感，同时也可以锻炼自己的表演能力和语言表达能力。

通过项目式学习，教师可以更好地将阅读材料与实际应用相结合，设计一些与阅读材料相关的项目，鼓励学生通过合作探究、实践操作等方式解决问题。同时，这个方法也可以帮助学生更好地理解和运用所学的知识，锻炼学生的综合素质和能力。

三、评价与反思

教师定期对阅读教学进行反思和评价是至关重要的。通过总结经验教训，教师可以持续改进自己的教学，提高阅读教学的效果和质量。

（一）观察学生的学习表现

1.观察学生的学习表现的重要性

教师观察学生在课堂上的表现是评估教学效果和发现学生学习困难的重要手段。通过观察，教师可以了解学生对知识的掌握程度、理解能力和问题解决能力等方面的情况。这样，教师可以及时调整教学策略和方法，以满足学生的学习需求，提高教学质量。

2.观察学生的参与度

教师可以通过观察学生的参与度来了解学生对课堂内容的兴趣和投入程度。学生积极参与课堂讨论、提问和回答问题等表现，都是教师观察的重点。教师可以通过观察学生的参与度，发现学生对教学内容的掌握程度和兴趣点，以便及时调整教学策略和方法。

3.观察学生的理解程度

教师可以通过观察学生的眼神、面部表情和肢体语言等表现，来判断学生对课堂内容的理解程度。当学生表现出困惑、不解或焦虑的表情时，教师需要及时调整教学策略和方法，以帮助学生更好地理解和掌握知识。

4.观察学生的问题解决能力

教师可以通过观察学生在课堂上的问题解决能力来评估教学效果。当学生能够自主思考、分析和解决问题时，说明学生对知识的掌握程度较高。教师可以通过观察学生在课堂上的表现，发现学生在问题解决方面存在的问题和困难，以便及时提供帮助和支持。

5.如何提高观察的有效性

为了提高观察的有效性，教师需要做好充分的准备工作，包括制定观察计划、明确观察指标和记录方式等。在观察过程中，教师需要保持客观、公正和耐心，注意观察学生的细节表现，并及时记录和分析观察结果。此外，教师还需要与学生建立良好的沟通和互动关系，以便更好地了解学生的学习需求和特点，提高教学效果和质量。

（二）收集学生的反馈

收集学生的反馈是非常重要的，因为它可以帮助教师更好地了解学生的学习情况和需求。通过问卷调查、面谈等方式，教师可以收集到学生对阅读教学的意见和建议，以便更好地了解他们的学习体验和需要改进的地方。

问卷调查是一种常用的收集学生反馈的方法。教师可以设计一份问卷，包括一些开放性和封闭性问题，以了解学生对阅读教学的看法和感受。例如，问卷可以询问学生对教学方法、教学材料、课堂互动等方面的看法和建议。通过分析问卷结果，教师可以了解学生的需求和期望，并据此改进教学方法和策略。

面谈也是一种有效的收集学生反馈的方法。教师可以与个别学生或学生进行一对一的面谈，了解他们对阅读教学的看法和感受。面谈可以帮助教师更深入地了解学生的需求和期望，并发现他们遇到的问题和困难。

在收集学生反馈时，教师需要注意确保问卷和面谈的匿名性和自愿性，以便学生能够真实地表达自己的看法和建议。同时，教师还需要尊重学生的隐私权，确保数据的安全性和保密性。

通过分析学生的反馈，教师可以改进教学方法和策略，提高教学效果。教师可以将学生的反馈与现有的教学方法和策略进行比较，找出需要改进的地方，并制订相应的改进计划。此外，教师还可以根据学生的反馈调整教学材料和活动，以满足学生的需求和兴趣。

（三）分析教学资料

分析教学资料是教师进行教学规划和管理的重要环节。通过对学生的学习成果、作业和测试等资料的分析，教师能够全面了解学生的学习进步和不足之处，从而制订针对性的教学计划，提高教学质量。

学习成果是教师分析学生学习情况的重要依据。通过对比学生的成绩分布、平均分、优秀率、及格率等指标，教师可以了解学生的整体学习水平，以及学生在不同知识点上的掌握情况。此外，教师还可以通过学习成果分析，发现学生在哪些知识点上存在薄弱环节，进而针对这些知识点进行强化训练。

作业是教师了解学生学习进步和不足的另一重要途径。通过对作业的批改和分析，教师可以了解学生对知识点的掌握程度，发现学生在哪些方面存在困难，以及哪些知识点需要加强。此外，教师还可以通过作业的反馈，引导学生发现自己的不足之处，并给予针对性的指导和建议。除了学习成果和作业，教师还可以通过测试来分析学生的学习情况。测试不仅可以检验学生的学习成果，还可以反映学生的学习态度和习惯。通过对测试的分析，教师可以了解学生对知识点的掌握程度，发现学生在考试中存在的问题和不足，以及学生在考试过程中的表现和习惯。这些信息对于教师制订针对性的教学计划非常重要。

在分析教学资料的过程中，教师还应该注重与其他教师的交流和合作。与其他教师分享经验和技巧，共同探讨教学方法和策略，可以更好地提高教学质量和效果。此外，教师还应该注重与家长的合作和沟通，及时向家长反馈学生的学习情况，并与家长共同探讨如何更好地促进学生的学习发展。

（四）自我反思

自我反思是教师专业成长的重要途径，它可以帮助教师不断提高教学水平和专业素养。作为一名教师，我们需要定期对自己的教学过程和效果进行反思，思考哪些教学方法和策略有效，哪些需要改进，同时不断探索新的教学方法和策略，以适应不断变化的教育环境。

我们需要反思自己的教学方法和策略是否符合学生的需求和特点。在教学过程中，我们可能会发现有些学生对于某些知识点难以理解，这时我们需要思考是否需要调整教学方法或策略，以更好地满足学生的需求。同时，我们还需要关注学生的学习成果，了解他们的学习进展和收获，以便及时调整教学计划和策略。

我们需要反思自己的教学态度和行为是否得当。作为一名教师，我们的言行举止都会影响到学生的学习态度和行为。因此，我们需要时刻保持耐心、细心和责任心，尊重每一个学生，关注他们的情感和心理需求，避免使用过于严厉或过于宽松的教学方式。同时，我们还需要注意自己的言行举止是否符合教师的职业形象和规范，以树立良好的教师形象。

除了教学方法和策略的反思，我们还需要不断探索新的教学方法和策略。随着教育环境的不断变化，我们需要不断适应新的教育理念和技术，探索适合学生的教学方法和策略。例如，我们可以尝试使用数字化教学工具、互动式课件、在线学习平台等新的教学手段，以提高学生的学习兴趣和参与度。同时，我们还可以借鉴其他优秀教师的教学经验和做法，不断改进自己的教学方法和策略。

我们需要对自己的教学成果进行反思和分析。通过定期评估自己的教学效果和学生的学习成果，我们可以了解自己的教学是否达到了预期的目标和效果，以及哪些方面需要改进和提高。在反思过程中，我们需要注重数据分析和案例研究，以更好地了解学生的学习特点和需求，为今后的教学提供更加科学的依据和支持。

（五）合作交流

合作交流在教育领域中扮演着至关重要的角色。教师之间的合作和交流不仅有助于提高教师的教学水平和专业素养，而且能够促进整个教育系统的进步和发展。通过与其他教师、教育专家和学者的交流和合作，教师们可以共享教学经验和资源，取长补短，共同进步。此外，合作交流还可以帮助教师拓宽教学视野，了解最新的教育理念和方法，从而更好地应对教育改革和发展。

教师之间的合作和交流是提高教学水平和专业素养的重要途径。教师作为教育工作的核心力量，承担着培养下一代的重任。他们需要不断地学习、反思和改进自己的教学方法和策略，以适应教育改革和发展的需要。通过与其他教师合作交流，教师可以分享彼此的教学经验和资源，相互借鉴和学习，从而不断提高自己的专业素养和教学水平。

合作交流可以帮助教师拓宽教学视野，了解最新的教育理念和方法。教育是一个不断发展和变化的领域，新的教育理念和方法不断涌现。教师需要不断地更新自己的知识体系和教育观念，以适应教育改革和发展的需要。通过与其他教师、教育专家和学者的交流和合作，教师可以了解最新的教育动态和教育理念，从而更好地应对教育改革和发展。

合作交流可以促进教师之间的团结和协作。在教育工作中，教师们需要相互支持和协作，共同应对各种教育教学问题。通过合作交流，教师们可以更好地了解彼此的工作方式和特点，相互支持和帮助，从而促进整个教育系统的团结和协作。

合作交流可以为教师提供更多的职业发展机会。在现代社会中，教育职业发展不仅仅是个人能力的提升，更是团队协作和共享的过程。通过与其他教师、教育专家和学者的交流和合作，教师可以拓宽自己的职业发展领域，提高自己的职业竞争力，为未来的职业发展打下坚实的基础。

第七章　初中语文阅读教学中学生阅读能力培养创新

第一节　初中语文阅读兴趣的培养

一、激发学生阅读动机

培养学生的阅读兴趣，首先需要激发他们的阅读动机。教师可以通过以下几种方式激发学生的阅读动机。

（一）介绍有趣的阅读材料

让学生感受到阅读的趣味性是激发学生阅读动机的第一步。教师可以挑选一些适合学生年龄段、有趣味性的阅读材料，如寓言故事、科幻小说等，这些有趣的材料可以吸引学生的注意力，使他们主动地想要阅读。教师也可以利用故事性的视频或者图片引导学生进入阅读的世界。

（二）组织阅读比赛

组织阅读比赛是一种很好的方式，可以激发学生的竞争意识，让他们感受到阅读的乐趣和成就感。教师可以根据学生的年龄和兴趣，设计不同的比赛形式，如故事接龙、角色扮演等，让学生在比赛中展示自己的阅读成果，同时也可以促进他们之间的交流和合作。

（三）奖励机制

奖励机制可以有效地激发学生的阅读动机。教师可以通过设立各种奖项，如阅读之星、进步之星等，鼓励学生积极参与阅读活动，并给予适当的奖励。这种奖励机制不仅可以激励学生积极阅读，还可以增强他们的自信心和自尊心，使他们更加热爱阅读。

（四）营造阅读氛围

营造积极的阅读氛围是激发学生阅读动机的重要手段。教师可以通过班级文化墙、教室装饰等方式，营造一个充满书香的环境，让学生感受到阅读的重要性。此外，教师还可以鼓励学生建立班级读书角，鼓励学生分享自己的书籍，让更多的学生有机会接触到阅读，从而激发他们的阅读动机。

二、创设阅读环境

（一）设立专门的阅读区

1.提供舒适的阅读设施

专门的阅读区需要提供舒适的阅读设施，如舒适的椅子、桌子、照明设备等，以确保学生可以在一个安静、舒适的环境中进行阅读。

2.创造安静的环境

阅读区应该是一个安静的环境，避免嘈杂的声音和干扰，以保持阅读的专注性和效果。

3.增加趣味性元素

在阅读区可以放置一些有趣的阅读材料，如绘本、故事书、科普读物等，以吸引学生的兴趣和注意力。

（二）设置阅读角

1.保证充足的阅读材料

在教室、图书馆等场所设置阅读角时，需要保证有充足的阅读材料可供学生选择。

2.定期更新阅读材料

阅读角内的阅读材料需要定期更新，以保证其吸引力。同时，也可以鼓励学生自带书籍进行分享和交流。

3.提供良好的阅读环境

在阅读角内，需要提供良好的阅读环境，如舒适的椅子、桌子、照明设备等，以提供良好的阅读体验。

（三）家庭阅读空间

1.建立良好的家庭阅读氛围

鼓励学生在家中建立良好的家庭阅读氛围，如提供专门的阅读空间、舒适的椅子、桌子等。

2.家长参与

家长可以与孩子一起进行阅读，共同分享阅读的乐趣。这不仅可以增进亲子关系，还可以培养孩子的阅读习惯和兴趣。

3.定期交流

家长可以定期组织家庭阅读交流活动，分享孩子的阅读心得和感受，增强家庭阅读的互动性和趣味性。

三、多样化教学方式

为了让学生对阅读材料有更深入的理解和感受，教师需要采用多样化的教学方式。以下是一些可供选择的教学方式。

（一）小组讨论

为了让学生对阅读材料有更深入的理解和感受，教师采取小组讨论的教学方式是一种非常有效的方法。通过小组讨论，学生可以在互相交流和讨论的过程中，加深对阅读材料的理解，同时也可以锻炼他们的语言表达能力和思维能力。在小组讨论中，教师可以引导学生围绕阅读材料的核心问题展开讨论，鼓励学生发表自己的观点和看法，并倾听他人的意见和建议。这样不仅可以提高学生的阅读理解能力，还可以培养他们的团队合作意识和沟通能力。

（二）角色扮演

教师可以根据阅读材料的特点，组织学生进行角色扮演活动。通过扮演不同的角色，学生可以深入理解角色的心理和情感，同时也可以锻炼他们的表演能力和想象力。这种教学方式可以让学生在轻松愉快的氛围中学习，增强他们的学习兴趣和参与度。在角色扮演的过程中，教师可以给予学生适当的指导和反馈，帮助他们更好地理解和掌握阅读材料。

（三）故事讲述

让学生用自己的语言讲述故事情节也是一种非常有效的教学方式。通过故事讲述，学生可以锻炼他们的语言表达能力和想象力，同时也可以培养他们的阅读理解和概括能力。教师可以给予学生适当的指导和帮助，确保他们能够完整准确地讲述故事情节，同时也可以鼓励学生加入自己的创造性和想象力，使故事更加生动有趣。

（四）多媒体教学

多媒体教学资源如视频、图片等可以帮助学生更好地理解阅读材料。通过多媒体教学，可以增强学生的阅读兴趣和参与度，同时也可以提供更加丰富的教学资源和多样化的教学方式。教师可以根据阅读材料的特点和教学目标，选择合适的多媒体教学资源，帮助学生更好地理解和掌握阅读材料。

（五）阅读指导

教师针对不同的阅读材料提供相应的阅读指导也非常重要。例如，对于诗歌、散文等不同类型的文章，教师可以提供不同的阅读方法和技巧。对于诗歌，教师可以引导学生注重节奏和韵律；对于散文，教师可以引导学生注重情感表达和语言特点。通过适当的阅读指导，可以帮助学生更好地理解和欣赏阅读材料，提高他们的阅读水平和鉴赏能力。

第二节　初中语文阅读技巧的掌握与实践

一、快速浏览和扫读

（一）快速浏览和扫读的含义

在阅读过程中，快速浏览和扫读是非常重要的技巧。快速浏览是指快速浏览全文或部分段落，抓住关键信息，有助于快速找到所需信息。扫读则是指快速浏览文章结构，了解文章的主题、论点、论据等关键信息，有助于快速把握文章主旨。这些技巧可以帮助读者在短时间内获取更多的信息，提高阅读效率。

（二）快速浏览和扫读的应用

在阅读一篇文章时，可以先快速浏览全文，了解文章的主题和主要内容，再根据需要有针对性地阅读某些段落或章节。这样可以更快速地找到所需信息，提高阅读效率。

在阅读时，可以通过扫读了解文章的结构和主要内容。例如，可以快速浏览文章的开头、结尾和各个段落的首句，了解文章的主题、论点、论据等关键信息，从而更好地把握文章主旨。

在阅读时，可以通过扫读判断文章的可信度和可信程度。例如，可以通过扫读文章中引用的数据和事实是否准确、是否具有权威性等来判断文章的可信度。

（三）快速浏览和扫读的优点

提高阅读效率：通过快速浏览和扫读，可以更快地找到所需信息，从而节省时间。

更好地把握文章主旨：通过扫读可以更好地了解文章的结构和主要内容，从而更好地把握文章主旨。

提高阅读质量：通过快速浏览和扫读，可以更好地理解文章的内容和结构，从而更好地把握文章的重点和难点。

（四）如何进行快速浏览和扫读

确定阅读目的：在阅读之前，要明确自己的阅读目的和需要获取的信息，这样可以帮助更快地找到所需信息。

掌握阅读技巧：要掌握一些阅读技巧，如跳读、略读、扫读等，这样可以更快地抓住关键信息。

快速浏览全文：在阅读时，可以先快速浏览全文或部分段落，了解文章的主题和主要内容。

重点阅读：在扫读过程中，要重点关注关键信息，如主题、论点、论据等，这样可以更好地把握文章主旨。

（五）注意事项

不要忽略细节：在快速浏览和扫读时，不要忽略文章的细节和细节信息，这些信息可能对理解文章有帮助。

不要过于依赖技巧：技巧只是辅助工具，阅读时还是要注重理解和思考。

不要过于追求速度：阅读是为了获取信息、理解内容，过于追求速度可能会影响阅读质量。

不要忽视自己的感受：不同的文章可能适合不同的阅读方法，要根据自己的感受和需求选择适合自己的阅读方法。

二、精细阅读

（一）精细阅读的重要性

精细阅读是阅读过程中的一种重要方法，它要求读者对文章中的重要段落或句子进行深入分析，理解其深层含义，从而更好地理解文章内容。在精细阅读过程中，读者可以通过分析句子的语法结构、上下文语境、作者意图等方面来理解句子的含义，这有助于读者更准确地把握文章的主旨和作者的意图。

（二）精细阅读的方法

1.分析句子的语法结构

句子是由单词和短语组成的，通过分析句子的语法结构，可以更好地理解句子的含义。例如，分析句子的主谓宾、定状补等成分，可以帮助读者理解句子的基本含义和结构。

2.分析上下文语境

上下文语境是指句子所处的环境，包括文章的主题、背景、作者意图等方面。通过分析上下文语境，可以更好地理解句子的含义和作用。

3.把握文章的整体结构

文章是一个整体，各部分之间有着密切的联系。通过把握文章的整体结构，可以更好地理解各部分之间的联系，从而更好地理解文章的主旨。

4.了解作者意图

作者在写作时通常会有一定的意图，通过分析作者意图，可以更好地理解作者的观点和态度，从而更好地把握文章的主旨。

（三）精细阅读的作用

1.提高阅读理解能力

精细阅读可以帮助读者更好地理解文章的内容和主旨，从而提高阅读理解能力。

2.加深对文章的理解

通过精细阅读，读者可以更好地把握文章的整体结构和各部分之间的联系，从而加深对文章的理解。

3.增强对作者意图的把握

通过分析作者意图，可以更好地理解作者的观点和态度，从而更好地把握文章的主旨。

（四）注意把握文章的整体结构

在精细阅读过程中，要注意把握文章的整体结构，了解各部分之间的联系。一篇文章通常由几个主要部分组成，如开头、正文、结尾等。各部分之间通常有着密切的联系，因此，把握文章的整体结构可以帮助读者更好地理解文章的主旨和作者的意图。

精细阅读是一种重要的阅读方法，它要求读者对文章中的重要段落或句子进行深入分析，理解其深层含义，从而更好地理解文章内容。通过分析句子的语法结构、上下文语境、作者意图等方面来理解句子的含义，同时把握文章的整体结构，了解各部分之间的联系，可以提高阅读理解能力、加深对文章的理解和增强对作者意图的把握。

三、批判性思维

（一）批判性思维在阅读理解中的重要性

批判性思维是一种对信息进行评估和质疑的思维方式，它有助于提高阅读理解的准确性。在阅读过程中，运用批判性思维可以帮助我们更好地理解作者的意图和观点，识别作者的观点、态度和立场，并对其进行客观评价。通过识别文章中的错误、漏洞和偏见等信息，我们可以更好地理解作者的意图，以便更好地与作者进行沟通交流。

（二）识别作者的观点、态度和立场

在阅读过程中，要特别注意识别作者的观点、态度和立场。作者的观点通常是文章的核心，直接影响到作者对于问题的看法和理解。同时，作者的态度和立场也会影响到文章的语气和表达方式。通过识别这些信息，我们可以更好地理解作者的意图和观点，从而更好地把握文章的主旨。

（三）客观评价作者的观点

在识别了作者的观点、态度和立场之后，我们需要对其进行客观评价。我们要时刻保持警惕，避免被作者的观点和情感所影响，导致误解或误判。在评价作者的观点时，要保持理性和客观，注意考虑各种可能的影响因素，如作者的背景、文化背景等。

（四）识别并分析错误、漏洞和偏见

在阅读过程中，我们还需要注意识别文章中的错误、漏洞和偏见等信息。这些信息可能会影响我们对文章的理解，甚至导致错误的结论。因此，我们需要时刻保持批判性思维，对文章中的信息进行仔细分析和评估，以便更好地理解作者的意图和观点。

（五）与作者互动并改进理解

在阅读过程中，与作者的互动也是非常重要的。我们要积极思考作者的意图和观点，并尝试用自己的话语表达自己的理解。如果存在分歧或疑问，可以与作者进行沟通和交流，以寻求更深入的理解。同时，通过与作者互动，我们可以发现自己的理解偏差或误解之处，并加以改进。

第三节　初中语文阅读评价与反思能力的培养

一、建立评估标准

（一）理解程度

评估学生对于阅读材料的理解程度，可以从以下几个方面进行。

理解主题和中心思想：学生是否能够理解阅读材料的主题，并能够用自己的语言概括中心思想？

理解段落结构和逻辑关系：学生是否能够理解段落之间的逻辑关系，以及它们如何构成一个连贯的整体？

理解细节和关键信息：学生是否能够理解阅读材料中的关键细节和信息？

能够运用所学知识解决实际问题：学生是否能够将所学的知识应用到实际生活中，解决相关问题？

（二）批判性思维

评估学生的批判性思维可以从以下几个方面进行。

是否能够识别阅读材料中的错误和漏洞？

是否能够提出自己的观点和看法，并给出理由？

是否能够分析阅读材料中的观点，并对其进行评价？

是否能够运用批判性思维技巧，如对比、推理、归纳等，来评估阅读材料的可信度和准确性？

（三）语言表达

评估学生的语言表达可以从以下几个方面进行。

语法和拼写是否正确？

语言表达是否流畅、自然？

是否能够运用适当的词汇和表达方式来表达自己的观点和想法？

是否能够运用不同的文体和修辞手法来表达不同的语境和目的？

（四）阅读策略掌握情况

评估学生对于阅读策略的掌握情况，可以从以下几个方面进行。

是否能够运用不同的阅读策略，如预测、推理、略读等，来提高阅读效率？

是否能够运用上下文策略，如猜测生词、推断作者意图等，来理解阅读材料？

是否能够运用元认知策略，如自我评估、自我调整等，来提高自己的阅读能力？

（五）其他方面

除了以上几个方面，还可以考虑以下几个方面。

学生是否积极参与阅读活动，包括阅读前的预习、阅读中的讨论和阅读后的反思等？

学生是否能够运用多种阅读技巧，如快速阅读、略读、扫读等，来提高自己的阅读速度和理解能力？

学生是否能够运用多种资源来辅助阅读，如词典、网络资源等？

学生是否能够根据不同的阅读目的选择不同的阅读材料和文本？

学生是否能够根据评估标准对自己的阅读成果进行客观评价，并提出改进意见？

二、小组讨论和分享

（一）小组讨论的准备

在组织小组讨论之前，教师需要做好充分的准备。首先，确定讨论的主题和议题，确保讨论的内容符合学生的阅读经验和兴趣。其次，合理分组，根据学生的阅读水平、性格特点等因素进行搭配，使小组内的学生能够相互促进。此外，教师还应该准备好讨论的问题和提示，以便引导学生进行深入的思考和交流。

（二）小组讨论的进行

在小组讨论的过程中，教师需要密切关注学生的讨论情况，确保讨论的顺利进行。首先，鼓励学生积极发言，表达自己的观点和感受，同时也要尊重其他同学的发言。其次，引导学生围绕主题展开讨论，避免偏离主题。此外，教师还可以提出一些问题，引导学生深入思考，促进学生的思维发展。

（三）分享与交流

在小组讨论结束后，组织学生进行分享和交流。鼓励学生表达自己的阅读体验和感受，分享自己的观点和看法。同时，也要倾听其他同学的发言，从中获得新的启示和灵感。在分享和交流的过程中，教师要给予学生充分的支持和鼓励，帮助学生树立自信心，激发他们的阅读兴趣。

（四）总结与反思

在小组讨论结束后，教师需要对讨论进行总结和反思。首先，对学生在讨论中的表现进行点评和肯定，鼓励学生继续保持。其次，对讨论中存在的问题和不足进行反思和改进，以便更好地组织下一次的讨论活动。

（五）讨论的意义

小组讨论对于提高学生的阅读能力和阅读兴趣具有重要意义。首先，通过讨论，学生可以更好地理解阅读材料的内容和意义，加深对阅读材料的理解和掌握。其次，讨论可以促进学生之间的交流和合作，增强学生的团队意识和协作能力。此外，讨论还可以激发学生的思维和创造力，促进学生个性的发展。

最后，通过讨论，学生可以获得新的启示和灵感，激发他们的阅读兴趣和动力，从而形成一个良性循环。

三、自我反思和反馈

（一）引导学生进行自我反思

在阅读过程中，学生需要不断地进行自我反思，总结自己的优点和不足。通过自我反思，学生可以更好地认识自己的阅读能力和表达能力，从而更好地调整自己的学习方法和策略。

1.优点反思

学生在阅读过程中，应该时刻关注自己的优点，如理解能力强、阅读速度快、善于总结等。通过自我反思，学生可以发现自己在学习过程中的优势，并加以利用，提高自己的阅读能力和表达能力。

2.不足反思

同时，学生也需要对自己的不足之处进行反思，如阅读理解能力较弱、词汇量不足、缺乏阅读技巧等。通过反思，学生可以找到自己需要改进的地方，制订相应的学习计划和策略，逐步提高自己的阅读能力和表达能力。

（二）寻求他人反馈和建议

他人的反馈和建议对学生的阅读能力和表达能力提高非常重要。以下是一些寻求他人反馈和建议的方法。

1.请教教师或同学

可以向教师或同学请教自己在阅读过程中的问题和不足，寻求他们的建议和帮助。

2.参加讨论小组

参加讨论小组可以与其他同学一起讨论阅读材料，相互交流学习心得和方法，获得更多的反馈和建议。

3.利用网络资源

利用网络资源可以找到一些专业人士或学习小组的反馈和建议，从而更好地认识自己的不足之处，并获得相应的帮助和提高。

（三）调整学习方法和策略

通过自我反思和寻求他人反馈，学生可以更好地调整自己的学习方法和策略。以下是一些建议。

1.制订学习计划

根据自身情况和需要，制订合理的学习计划，包括阅读材料的选取、阅读时间的安排、阅读方法的运用等。

2.注重阅读技巧的运用

掌握一些阅读技巧，如快速阅读、关键词定位、推理判断等，可以提高阅读速度和理解能力。

3.注重词汇量的积累

词汇量是阅读的基础，可以通过词汇学习软件、词汇书等途径来积累词汇量。

（四）提高阅读能力和表达能力的方法和策略

除了自我反思和寻求他人反馈，学生还可以采取以下方法和策略来提高自己的阅读能力和表达能力。

1.阅读不同类型的材料

通过阅读不同类型的材料，如小说、新闻、科技文章等，可以扩大自己的知识面和阅读范围，提高自己的阅读能力和表达能力。

2.注重精读和泛读的结合

精读可以更好地理解文章中的细节和难点，泛读可以提高阅读速度和理解能力。因此，要注重精读和泛读的结合，以提高阅读能力和表达能力。

3.学会总结和归纳

在阅读过程中，要学会总结和归纳文章的主题、重点、难点等，以便更好地理解和记忆。同时，也可以通过总结和归纳来提高自己的概括能力和表达能力。

（五）重视反馈和调整的过程

学生需要重视反馈和调整的过程，不断地反思自己的不足之处，并加以改进。同时，也要不断地调整自己的学习方法和策略，以适应不同的学习环境和需求。只有这样，才能更好地提高自己的阅读能力和表达能力。

第八章　初中语文阅读教学模式创新

第一节　初中语文主题式阅读教学

一、主题式阅读教学的概念和意义

（一）主题式阅读教学的定义

主题式阅读教学是一种以某一主题为中心，通过整合相关文本，引导学生进行深度阅读和思考的教学方式。在主题式阅读教学中，教师围绕一个主题，引导学生从多个角度和层面理解文本，旨在提高学生的阅读兴趣、阅读能力和语文素养。

主题式阅读教学的特点在于其整合性、探究性和综合性。整合性体现在教师会整合不同文本，拓宽学生的阅读视野；探究性体现在教师会围绕某一主题引导学生进行探究，培养学生的问题意识和探究能力；综合性体现在教师会综合运用多种教学方法和手段，提高学生的阅读素养和综合能力。

（二）主题式阅读教学的意义

（1）提高阅读兴趣：主题式阅读教学通过选择有趣的主题，可以激发学生的阅读兴趣，使学生更愿意主动阅读，从而提高阅读兴趣。

（2）培养阅读能力：通过主题式阅读教学，学生可以更好地理解文本的主题和内涵，提高对文本的鉴赏能力和思维能力，从而更好地理解和运用语文知识。

（3）提升语文素养：主题式阅读教学有助于培养学生的合作精神和探究能力，提高学生的综合素质，从而全面提升学生的语文素养。

(4)促进思考能力:主题式阅读教学鼓励学生从多个角度和层面理解文本，有助于培养学生的思考能力和批判精神。

（5）增强合作能力：主题式阅读教学通常需要学生分组进行讨论和探究，

这有助于培养学生的合作精神和团队意识。

（6）提高教学效率：主题式阅读教学有助于提高教学效率，通过整合相关文本和教学方法，教师可以更好地组织课堂教学，使学生更高效地吸收知识。

二、主题的选择和确定

（一）主题的选择和确定在初中语文教学中具有重要意义

1.确保教学活动的有效性和针对性

选择适合的主题可以确保教学活动的目的性和针对性，有助于教师更好地组织教学内容，使学生能够围绕主题进行深入学习和探究。

2.激发学生的学习积极性和兴趣

选择与学生兴趣和需求相关的主题，可以激发学生的学习积极性和兴趣，使学生更加主动地参与到教学活动中，提高教学效果。

3.培养学生的思维能力和探究精神

主题式阅读教学注重培养学生的思维能力和探究精神，通过选择适合的主题，教师可以引导学生进行深入思考和探究，提高学生的思维能力和探究精神。

4.拓宽学生的知识面和视野

主题的选择和确定应该注重适切性和拓展性，既要符合教材内容和学生实际，又要能够激发学生的兴趣和探究欲望。通过主题式阅读教学，学生可以接触到更多的知识领域和思想观念，拓展自己的知识面和视野。

5.提高学生的阅读能力和综合素质

主题式阅读教学是一种综合性的阅读教学方式，通过主题的选择和确定，教师可以引导学生进行广泛的阅读和思考，提高学生的阅读能力和综合素质。

（二）根据教材内容确定主题

教师通过分析教材内容，可以选择与教材内容相关的主题，引导学生进行探究性阅读，这不仅有助于增强学生对教材内容的理解，还能提高学生的阅读能力和探究能力。以下是一些根据教材内容确定主题的例子，并分条论述。

1.环境保护与可持续发展

在教材中涉及环境问题或环保理念的文章，可以选择“环境保护与可持续发展”作为主题，引导学生进行相关阅读和讨论。通过分析教材内容，教师可以引导学生了解当前环境问题的严重性，探讨解决环境问题的途径和方法，并思考如何在日常生活中实践环保理念。这样有助于培养学生的环保意识和社会责任感。

2.人文地理与地域文化

在教材中涉及地域文化或人文地理的文章，可以选择“地域文化与人文地理”作为主题，引导学生进行相关阅读和讨论。通过分析教材内容，教师可以引导学生了解不同地域的文化特色和地理环境对文化的影响，探究地域文化的传承和发展。这样有助于培养学生的文化认同感和文化自信。

3.科技与未来发展

在教材中涉及科技发展或未来趋势的文章，可以选择“科技与未来发展”作为主题，引导学生进行相关阅读和讨论。通过分析教材内容，教师可以引导学生了解科技发展的现状和趋势，探讨科技对人类社会的影响和未来发展方向。这样有助于培养学生的科学素养和创新意识。

4.历史与文化传承

在教材中涉及历史文化或文化遗产的文章，可以选择“历史与文化传承”作为主题，引导学生进行相关阅读和讨论。通过分析教材内容，教师可以引导学生了解历史文化的演变过程和传承方式，探讨文化遗产的保护和传承问题。这样有助于培养学生的历史意识和文化认同感。

通过以上主题的确定和引导，学生可以在探究性阅读的过程中增强对教材内容的理解，提高阅读能力和探究能力。同时，这些主题还可以帮助学生拓宽视野，增强对不同领域知识的认知和了解。

在组织学生进行相关阅读和讨论时，教师需要注意以下几点。

引导学生在阅读过程中发现问题和思考问题，培养其自主思考和解决问题的能力。

鼓励学生积极参与讨论，表达自己的观点和看法，培养其口头表达能力和团队协作精神。

结合教材内容，引导学生将所学知识应用于实际生活，培养其实践能力和创新意识。

（三）根据学生兴趣和需求确定主题

1.提高学生阅读兴趣

学生往往对感兴趣的话题有更高的阅读积极性。根据学生的兴趣和需求确定主题，可以使学生更加投入到阅读过程中，增加阅读的乐趣。例如，如果学生热衷于时事热点，教师可以组织关于特定时事热点的探究性阅读活动，引导学生阅读相关文章、书籍，并组织讨论，让学生表达自己的观点和见解。

2.提升学生阅读能力

通过探究性阅读，学生可以锻炼阅读技巧，提高理解能力。教师可以选择适合学生阅读水平的书籍或文章，让学生在阅读过程中逐渐提高阅读速度和理解能力。此外，教师还可以组织小组讨论，让学生分享阅读心得，互相学习，共同提高。

3.增强文化自信

根据传统文化、文学名著等主题确定主题，可以让学生更加了解和认同本国文化，增强文化自信。例如，教师可以组织关于传统文化的探究性阅读活动，引导学生阅读有关传统礼仪、风俗习惯、民间故事等方面的书籍或文章。通过探究和讨论，学生可以深入了解本国文化的内涵和价值，增强对本国文化的认同感和自豪感。

4.培养综合素质

探究性阅读活动不仅可以提高学生的阅读能力和文化自信，还可以培养学生的团队合作能力、语言表达能力和批判性思维能力。在小组讨论中，学生需要表达自己的观点和见解，与其他同学进行交流和讨论，这有助于提高学生的语言表达能力和人际交往能力。同时，探究性阅读需要学生具备一定的批判性思维能力和分析问题能力，这有助于提高学生的综合素质。

（四）探究性阅读有助于提高学生的综合素质

1.提高阅读能力

探究性阅读要求学生主动地、深入地理解阅读材料，这需要学生具备更高的阅读技巧和分析能力。通过不断地探究性阅读，学生可以逐渐提高自己的阅读理解能力，更好地掌握阅读材料的主题和关键信息。

2.增强团队合作精神

在探究性阅读的过程中，学生需要与他人合作，共同探讨问题，这有助于培养学生的团队合作精神。通过与他人的交流和合作，学生可以学习如何倾听他人的意见，尊重他人的观点，并学会如何与他人共同解决问题。

3.培养创新思维能力

探究性阅读鼓励学生自主思考，提出自己的见解。这有助于培养学生的创新思维能力，使他们能够从不同的角度看待问题，提出新颖的想法和建议。

4.提高问题解决能力

探究性阅读要求学生能够分析问题，提出解决方案，并实施这些方案。这有助于提高学生的问题解决能力，使他们能够更好地应对生活中的各种挑战和问题。

5.增强自我认知和自我发展

探究性阅读可以帮助学生更好地了解自己，发现自己的兴趣和优势，从而制定出更加明确的学习和发展目标。通过探究性阅读，学生可以不断地挑战自己，拓展自己的知识和技能，实现自我成长和发展。

6.培养批判性思维

探究性阅读鼓励学生批判性地看待阅读材料，提出自己的观点和疑问。这有助于培养学生的批判性思维，使他们能够自主思考，对事物进行客观的分析和评价。

7.提高语言表达和沟通能力

探究性阅读需要学生用语言来表达自己的观点和想法。通过不断地表达和交流，学生可以提高自己的语言表达和沟通能力，更好地与他人沟通和合作。

（五）激发学生阅读兴趣和拓展性阅读的重要性

1.提高阅读水平

通过激发学生的阅读兴趣，可以引导学生主动参与到阅读活动中来，从而培养良好的阅读习惯和阅读能力。通过拓展性阅读，学生可以接触到更多的书籍、文章、资料等，从而扩大阅读范围，提高阅读水平和综合素质。

2.增强文化自信

拓展性阅读可以帮助学生更好地了解和掌握教材内容，增强学生的文化自信。通过阅读相关的课外书籍，学生可以了解更多的历史文化、科学知识、艺术作品等，从而增强对本土文化的认同感和自信心。

3.促进综合素质发展

拓展性阅读不仅可以提高学生的阅读水平，还可以促进学生的综合素质发展。通过阅读，学生可以拓宽视野、增长见识、提高思考能力、语言表达能力等，从而促进学生的全面发展。

4.培养自主学习能力

拓展性阅读可以培养学生的自主学习能力。通过引导学生进行课外阅读和探索，学生可以逐渐学会自主选择阅读材料、自主规划阅读时间、自主解决问题等，从而培养良好的学习习惯和自主学习的能力。

5.增强学习兴趣

通过拓展性阅读，学生可以接触到更多的知识领域和文学形式，从而激发他们对不同领域和文学形式的兴趣。这样不仅可以增强学生的学习兴趣，还可以拓宽学生的知识面，提高他们的综合素质。

6.提升个人修养

拓展性阅读不仅可以提高学生的知识水平，还可以提升学生的个人修养。通过阅读优秀的文学作品，学生可以培养良好的道德品质、审美观念和人生价值观，从而更好地适应社会的发展和变化。

三、阅读教学的组织和实施

（一）组织和实施主题式阅读教学的重要性

主题式阅读教学在当今的教育领域中扮演着越来越重要的角色，它强调学生在特定主题下进行深度阅读和思考，有助于提高学生的阅读能力和思维能力。

1.有助于学生更好地理解文本

在主题式阅读教学中，学生可以根据特定主题进行选择性阅读，集中注意力，有针对性地了解相关的知识体系。这有助于学生更好地理解文本内容，深入挖掘文本的意义。

2.提高学生的阅读能力和思维能力

通过主题式阅读教学，学生需要围绕主题进行深度阅读和思考，从而提高学生的阅读能力和思维能力。学生在阅读过程中需要理解文本的主题、结构、语言和表达方式，同时还需要进行思考和分析，形成自己的观点和认识。

3.增强学生的合作精神和表达能力

在主题式阅读教学中，学生需要与教师、同学进行交流和讨论，这有助于增强学生的合作精神和表达能力。通过交流和讨论，学生可以分享自己的观点和认识，倾听他人的想法和建议，从而拓宽自己的视野和思路。

4.激发学生的学习热情和兴趣

主题式阅读教学通常围绕某个特定主题展开，能够激发学生的好奇心和求知欲。通过选择与学生生活相关或感兴趣的主题，可以更好地激发学生的学习兴趣和热情，提高他们的学习动力。

5.提高课堂教学效率和质量

主题式阅读教学能够将课程内容进行系统化的整合，使教学内容更加紧凑和有条理。教师可以通过组织课堂讨论和交流，帮助学生深入理解和掌握相关知识，从而提高课堂教学效率和质量。

6.培养学生的批判性思维和创新精神

在主题式阅读教学中，学生需要针对特定主题进行思考和分析，形成自己的观点和认识。这有助于培养学生的批判性思维和创新精神，鼓励学生从多个角度看待问题，提出新的见解和解决方案。

（二）合理安排教学时间

教学时间的合理安排是确保教学质量和学生学习效果的关键因素之一。教师需要精心设计教学时间分配，以便在有限的时间内实现教学目标，同时给予学生足够的深度阅读、思考和讨论时间。

1.明确教学目标和任务

教师在课前应明确教学目标和任务，并根据教学内容和学生情况制订详细的教学计划。这样可以帮助教师更好地掌握教学节奏，确保学生在有限的时间内获得最大收益。

2.合理分配课堂时间

教师应根据文本的长度和难度，以及学生的阅读速度和理解能力，合理分配课堂时间。对于较长的文本，教师可以将其分解为若干部分，逐一进行教学。同时，留出足够的时间进行课堂讨论和交流，鼓励学生发表观点、提问和分享想法。

3.确保深度阅读时间

深度阅读是理解文本、培养自主思考能力和提高阅读理解能力的重要环节。教师应给予学生足够的时间进行深度阅读，并鼓励学生提出疑问和思考。对于较难理解的文本，教师可以提供适当的引导和提示，帮助学生更好地理解文本内容。

4.适时调整教学节奏

在教学过程中，教师需要根据学生的反应和表现，适时调整教学节奏。如果学生表现出对某个话题的兴趣或困惑，教师可以适当延长该部分的教学时间，或提供额外的资源和指导。

5.注重课堂讨论和交流

课堂讨论和交流是培养学生批判性思维、合作精神和表达能力的重要环节。教师应留出足够的时间进行课堂讨论，鼓励学生积极参与、发表观点、提问和分享想法。教师可以通过引导学生展开讨论、组织小组合作等方式，鼓励学生进行互动和交流。

6.留出反思和总结时间

在教学过程中，教师还应留出时间让学生进行反思和总结，帮助他们回顾所学内容、梳理知识体系并思考未来的学习方向。教师可以通过布置作业、组织反思性评价等方式，引导学生进行反思和总结。

（三）选择合适的教学方法

选择合适的教学方法对于教学过程的成功至关重要。针对不同的主题和文本，教师需要选择适合的教学方法，以便更好地引导学生理解文本，激发他们的学习兴趣，并促进他们的思考和讨论。

1.小组合作阅读

对于需要深入思考和分析的文本，小组合作阅读是一种有效的教学方法。学生们可以分成小组，围绕文本展开讨论，共同分析和理解文本的主题、结构、语言特点等。小组合作阅读可以鼓励学生之间的互动和交流，促进他们的思维能力和语言表达能力。

优点：

a.促进学生之间的交流和合作，培养团队协作精神；

b.引导学生深入思考和分析文本，提高他们的理解能力和分析能力；

c.培养学生的表达能力和沟通技巧。

适用范围：适用于需要深入思考和分析的文本，例如议论文、说明文等。

2.问题引导阅读

对于需要引导学生的注意力并激发他们思考的文本，问题引导阅读是一种有效的教学方法。教师可以通过提出一系列问题，引导学生逐步理解文本的内容和思想。问题引导阅读可以帮助学生更好地理解文本，激发他们的学习兴趣和好奇心，培养他们的思维能力和解决问题的能力。

优点：a.引导学生积极参与文本的理解和思考；b.促进学生的思维能力和问题解决能力的发展；c.提高学生的兴趣和好奇心，增强学生的学习动力。

适用范围：适用于需要激发学生思考和理解的主题和文本，例如故事、寓言、小说等。

3.情境创设阅读

对于一些需要情境创设的文本，情境创设阅读是一种有效的教学方法。教师可以通过创设与文本相关的情境，引导学生进入情境中，更好地理解文本的内容和思想。情境创设阅读可以帮助学生更好地融入文本情境中，增强他们的情感体验和理解能力。

优点：a.帮助学生更好地理解文本的内容和思想；b.增强学生的情感体验和认知能力；c.培养学生的想象力和创造力。

适用范围：适用于需要情境创设的文本，例如诗歌、散文、戏剧等。

（四）引导学生进行深度阅读和思考

为了引导学生进行深度阅读和思考，教师可以从以下几个方面入手。

1.提出问题，引导思考方向

教师可以通过提问的方式引导学生思考文本的主题和内涵。问题应该具有启发性，能够引发学生的思考和讨论，同时也要注意问题的难易程度，确保学生能够理解和回答。

2.组织讨论，促进交流互动

教师可以组织学生进行小组讨论，让学生们相互交流自己的理解和感受，分享自己的观点和看法。通过讨论，学生可以更加深入地理解文本的主题和内涵，同时也可以锻炼自己的表达能力和思维能力。

3.给予时间，让学生充分思考

深度阅读和思考需要一定的时间，教师不应该急于求成，而应该给予学生足够的时间去思考和消化文本的内容。教师可以根据学生的实际情况，适当调整教学进度，确保每个学生都能够充分参与和思考。

4.鼓励质疑，培养批判性思维

教师还应该鼓励学生质疑文本中的观点和内容，引导学生从不同的角度思考问题，培养他们的批判性思维。通过质疑和反思，学生可以更加深入地理解文本的主题和内涵，同时也可以提高自己的鉴赏能力和思维能力。

5.给予反馈，引导学生反思

教师可以通过反馈的方式引导学生反思自己的阅读和思考过程，帮助他们发现自己的优点和不足之处，并给予相应的建议和指导。通过反思，学生可以更好地理解自己的阅读和思考能力，同时也可以提高自己的阅读和思考能力。

6.结合其他学科，拓宽阅读视野

教师可以结合其他学科的知识，引导学生进行深度阅读和思考。例如，在语文教学中可以结合历史、地理等学科的知识，帮助学生更好地理解文本的主题和内涵。通过跨学科的学习方式，可以拓宽学生的阅读视野，提高他们的综合素质。

（五）组织课堂讨论和交流

组织课堂讨论和交流对于教师来说是一项重要的任务，因为它能够鼓励学生积极参与学习过程，提高他们的思维能力和表达能力。以下是教师组织课堂讨论和交流时需要注意的一些关键方面。

1.明确讨论的主题和目标

在组织课堂讨论之前，教师需要确定讨论的主题和目标，以确保讨论能够围绕课程内容进行，并帮助学生实现教学目标。

2.鼓励学生发表看法和观点

教师需要营造一个开放、安全和积极的课堂氛围，鼓励学生发表自己的看法和观点。这可以通过使用开放性问题、小组讨论和角色扮演等方式来实现。

3.引导学生进行交流和分享

教师需要引导学生进行交流和分享，确保每个人都有机会表达自己的想法。教师可以通过提问、提示和鼓励等方式来引导学生参与讨论。

4.确保讨论方向不偏离主题

教师需要密切关注讨论的方向，避免讨论偏离主题或出现无效的讨论。如果发现讨论偏离主题，教师可以适时地引导回主题。

5.给予学生足够的思考时间

在组织讨论之前，教师需要给予学生足够的时间来思考问题，并准备好自己的观点。这样可以确保学生有足够的时间来思考和准备自己的发言。

6.鼓励团队合作和交流

教师可以通过小组讨论或团队合作的方式组织课堂讨论，鼓励学生之间进行交流和合作。这可以培养学生的合作精神和团队意识。

7.给予反馈和评价

在讨论结束后，教师需要及时给予学生反馈和评价，以帮助他们了解自己的表现和进步。教师可以通过表扬、鼓励和建议等方式来给予反馈，以激发学生的积极性和自信心。

8.培养倾听和尊重他人观点的态度

在组织课堂讨论时，教师需要强调倾听和尊重他人观点的重要性。这可以帮助学生建立良好的人际关系和社会技能。

9.注重培养学生的批判性思维

在组织课堂讨论时，教师可以鼓励学生从多个角度思考问题，培养他们的批判性思维。这有助于提高学生的思考能力和问题解决能力。

（六）评价和反馈

教师给予学生的评价和反馈在学生的学习过程中起着至关重要的作用。以下是对教师评价和反馈的几点论述。

1.评价学生的阅读成果和表现

教师需要评价学生的阅读成果，包括学生对文本的理解程度、鉴赏能力和表达水平等。评价学生的表现，教师需要关注学生在阅读过程中的行为表现，如注意力是否集中、阅读方法是否正确、是否积极参与讨论等。这些评价可以帮助教师了解学生的学习状况，从而调整教学策略和方法。

2.关注学生的阅读过程和方法

除了评价学生的阅读成果，教师还需要关注学生的阅读过程和方法。教师可以通过观察学生的阅读过程，了解学生在阅读过程中的困难和问题，从而提供有针对性的指导和帮助。此外，教师还可以通过引导学生反思自己的阅读过程和方法，帮助学生提高阅读能力和技巧。

3.多样化的评价方式

教师可以使用多种评价方式，如口头评价、书面评价、小组互评等。口头评价可以及时反馈学生的学习情况，帮助学生了解自己的优点和不足。书面评价可以提供更详细、更深入的评价，帮助学生了解自己在某个方面的优势和劣势。小组互评可以培养学生的合作精神和自我反思能力，同时也可以帮助教师了解学生的兴趣爱好和特长。

4.评价内容的全面性

教师对学生的评价内容应该全面，包括学生对文本的理解程度、鉴赏能力、思维能力等方面。通过评价学生的思维能力，教师可以了解学生是否具备自主思考和解决问题的能力。通过评价学生的鉴赏能力，教师可以了解学生是否能够从多个角度欣赏文本，从而提高学生的阅读兴趣和阅读能力。

5.增强学生的自信心和积极性

教师对学生的评价和反馈还应该包括对学生的进步给予及时的表扬和鼓励。这种积极的反馈可以增强学生的自信心和积极性，提高学生的学习动力和兴趣。同时，教师还可以通过鼓励学生积极参与课堂讨论、小组合作等方式，培养学生的合作精神和自我管理能力。

第二节　初中语文比较式阅读教学

一、比较式阅读教学的概念和意义

比较式阅读教学是指在教学过程中，教师引导学生对具有一定相似性或差异性的文本进行对比分析，通过比较和对照，加深对文本的理解和把握，从而提高阅读能力和鉴赏水平。

比较式阅读教学的特点在于，它通过比较不同文本之间的异同，使学生在对比中加深对文本的认识，拓宽思维空间，增强阅读兴趣，培养阅读习惯，提高阅读质量。

比较式阅读教学的意义和作用主要体现在以下几个方面。

（一）提高学生的阅读能力和鉴赏水平

比较式阅读教学通过引导学生对不同的文本进行比较分析，使学生能够更好地把握文本之间的异同，加深对文本的理解和把握，从而提高学生的阅读能力和鉴赏水平。在比较过程中，学生需要分析和比较文本的主题、结构、语言、修辞等方面的特点，这有助于培养学生的阅读思维和阅读能力。

（二）培养学生的思维能力和创新精神

比较式阅读教学不仅可以提高学生的阅读能力和鉴赏水平，还可以激发学生的思维能力和创新精神。通过对比不同的文本，学生可以在对比中发现新的问题、分析问题、解决问题，从而培养其创新意识和创新能力。这种教学方式有助于培养学生的批判性思维和自主思考能力，使其能够更好地适应未来的学习和工作。

（三）提高学生的阅读兴趣和阅读习惯

比较式阅读教学可以使学生更加关注文本之间的差异和特点，从而激发其阅读兴趣，培养其良好的阅读习惯。通过比较不同文本的异同，学生可以更好地理解文本的内涵和思想，把握文本的主题和情感，从而加深对文本的兴趣和喜爱。这种教学方式有助于提高学生的阅读积极性和阅读效率，使其能够更好地享受阅读的乐趣。

（四）促进学生对文本的深入理解和把握

比较式阅读教学通过引导学生对不同的文本进行比较分析，可以使学生更好地理解文本的内涵和思想，把握文本的主题和情感，从而促进学生对文本的深入理解和把握。在比较过程中，学生需要深入思考和分析文本的内容和形式，从而更好地理解文本的意义和价值。这种教学方式有助于提高学生的阅读水平和文学素养。

二、比较的角度

比较式阅读教学中，可以从以下几个方面进行比较。

（一）文本内容比较

在比较式阅读教学中，文本内容是比较的基础。可以从主题、人物、情节、环境等方面进行比较，找出不同文本之间的异同点，加深对文本的理解。例如，可以将《红楼梦》和《水浒传》进行比较，两部小说都是以家庭和社会的矛盾为主题，但人物形象、情节设置和环境描写等方面都有很大的不同。通过比较，可以更好地理解两部小说的不同特点和表现手法。

（二）文本形式比较

除了文本内容比较，文本形式也比较重要。可以从语言、结构、表达方式等方面进行比较，分析不同文本的形式特点，从而更好地把握文本的内涵和思想。例如，可以将现代诗歌和现代小说进行比较，现代诗歌通常注重语言的韵律和节奏，而现代小说则更加注重情节的安排和人物形象的塑造。通过比较，可以更好地理解不同文学形式的特点和表现手法。

（三）不同文体比较

不同文体的文本也有不同的特点和表现手法。可以将不同文体的文本进行比较，如诗歌与小说、散文与戏剧等，从而更好地理解不同文体的特点和表现手法。例如，可以将诗歌和小说进行比较，诗歌通常更加注重情感表达和语言的韵律和节奏，而小说则更加注重情节的安排和人物形象的塑造。通过比较，可以更好地理解诗歌和小说之间的差异和联系。

（四）不同作者比较

除了不同文体之间的比较，还可以将同一主题或同一类型的不同作者的文本进行比较。通过分析不同作者的写作风格和思想内涵，可以更好地理解作者的创作意图和思想情感。例如，可以将鲁迅和莫言的小说进行比较，两位作家都是中国现代文学的重要代表人物，但他们的写作风格和思想内涵有很大的不同。通过比较，可以更好地理解两位作家的创作风格和思想内涵的差异和联系。

三、比较的方法

在比较式阅读教学中，可以采用以下方法。

（一）横向比较法

在比较式阅读教学中，横向比较法是一种常用的方法。

1.理解不同文本之间的异同

横向比较法能帮助我们更好地理解同一主题或同一类型的不同文本之间的差异和相似之处。通过比较，我们可以发现不同的文本在人物塑造、叙事方式、语言风格等方面的独特之处，进而加深对文本的理解和掌握。

2.加深对文本的理解

横向比较法有助于我们从多个角度理解文本，从而更全面地把握文本的主题和内涵。通过比较不同作家的儿童文学作品，我们可以更好地理解不同作家在创作过程中的思考和表达方式，进而加深对儿童文学的理解。

3.有助于提高阅读鉴赏能力

横向比较法不仅可以用于比较不同的文本，还可以用于比较不同的体裁。通过比较诗歌、散文、小说等不同体裁的作品，我们可以更好地理解不同体裁的特点和差异，从而提高我们的阅读鉴赏能力。

4.提高教学效率

横向比较法在比较式阅读教学中具有很高的实用价值。通过比较不同文本或体裁的作品，教师可以更高效地引导学生理解文本，同时也可以帮助学生更好地掌握阅读技巧和方法。

5.有助于培养学生的创新思维

横向比较法鼓励学生从多个角度看待问题，有助于培养学生的创新思维。通过比较不同文本或体裁的作品，学生可以发现新的思考角度和表达方式，从而激发他们的创新意识和创新能力。

6.适用于不同类型的文本

横向比较法适用于不同类型的文本，无论是小说、诗歌、散文还是其他文学形式，都可以通过横向比较法来加深理解和掌握。

7.有助于提高阅读兴趣和动力

横向比较法可以帮助学生发现不同文本之间的差异和相似之处，从而激发他们的好奇心和求知欲，提高他们的阅读兴趣和动力。

（二）纵向比较法

纵向比较法是一种非常重要的文学研究方法，它通过对同一作者的不同作品进行比较，可以更好地了解该作者的创作风格和变化，以及作品之间的联系和差异。

1.了解作者的创作风格和变化

通过纵向比较同一作者的不同作品，我们可以更好地了解该作者的创作风格和变化。这是因为同一作者在不同时期的思想和创作风格往往会有所不同，通过比较不同作品，我们可以更好地理解作者在不同时期的创作特点。

例如，鲁迅是中国现代文学的重要代表人物之一，他的作品风格多变，在不同时期的思想和创作风格也有所不同。通过比较鲁迅的不同小说，我们可以更好地了解鲁迅在不同时期的思想和文学成就，从而更好地理解鲁迅的文学成就。

2.发现作品之间的联系和差异

纵向比较同一作者的不同作品，还可以发现作品之间的联系和差异。这是因为同一作者在不同时期的创作背景、题材、人物形象等方面往往会有所不同，而这些不同也会反映在作品之中。通过比较不同作品，我们可以更好地理解作者的创作意图和作品的深层含义。

例如，比较《红楼梦》的不同版本，我们可以发现不同版本之间的差异和优劣，从而更好地选择适合自己的版本。同时，通过比较不同版本之间的差异和优劣，我们也可以更好地理解《红楼梦》这部作品的文学价值和艺术成就。

3.更好地选择适合自己的版本

纵向比较同一作品的不同版本，可以帮助我们更好地选择适合自己的版本。这是因为不同版本的书籍在印刷质量、排版、注释等方面往往会有所不同，而这些不同也会影响我们的阅读体验和理解程度。通过比较不同版本之间的差异和优劣，我们可以更好地选择适合自己的版本，从而更好地享受阅读的乐趣。

（三）综合比较法

综合比较法是一种非常有效的文本分析方法，它可以从多个角度对文本进行综合比较，从而更好地了解文本的整体特点，加深对文本的理解和掌握。

1.文本内容比较

通过比较不同文本的内容，可以更好地了解文本的主题、情感、思想等核心要素。例如，在比较不同作家的作品时，可以从作家的背景、生活经历、文化背景等方面入手，分析作品的主题、意象、语言等方面，从而更好地理解作家的创作风格和艺术价值。

2.文本形式比较

文本的形式也是影响文本特点的重要因素。通过比较不同文本的形式，可以更好地了解文本的结构、体裁、篇幅等方面的特点。例如，在比较小说、散文、诗歌等不同文学体裁的作品时，可以从文本的叙事方式、语言风格、节奏等方面入手，分析不同体裁的特点和价值。

3.文本风格比较

文本的风格是作者在创作过程中表现出来的独特特征。通过比较不同文本的风格，可以更好地了解作者的创作个性、审美观念等个人特点。例如，在比较不同作家的作品时，可以从作者的文学观念、文化背景、审美观念等方面入手，分析作品的艺术风格和审美价值。

除了以上三个方面，综合比较法还可以应用于比较不同文化背景下的文本。

通过比较不同文化背景下的差异和相似之处，可以更好地了解不同文化的特点和价值。例如，在比较中西方的文学作品时，可以从文化观念、价值观念、审美观念等方面入手，分析中西方的文化差异和相似之处。

四、比较式阅读教学的实施策略

（一）确定比较点

确定比较点在比较式阅读教学中是非常关键的，以下是几个重要的比较点，以及它们在比较式阅读教学中的作用。

1.主题的比较

通过比较不同作品的主题，可以帮助学生更深入地理解文学作品的普遍性和多样性。通过比较同一主题在不同作品中的表现方式，学生可以更好地理解主题的内涵和演变。

2.人物塑造的比较

比较不同作品中的人物形象，可以帮助学生更好地理解人物塑造的技巧和方法。通过比较不同作家对同一人物的不同描绘，学生可以更深入地理解人物的性格、命运和价值。

3.情节安排的比较

情节是文学作品的重要组成部分，通过比较不同作品的情节安排，可以帮助学生更好地理解情节在文学作品中的作用和意义。通过比较不同作家对情节的处理方式，学生可以更深入地理解情节的多样性和变化性。

4.语言风格的比较

语言风格是文学作品的重要特征之一，通过比较不同作品的语汇、句式和修辞手法，可以帮助学生更好地理解语言在文学作品中的重要性和表现力。通过比较不同作家的语言风格，学生可以更深入地理解语言的多变性和丰富性。

5.文化背景的比较

文学作品往往反映了特定的文化背景和社会环境，通过比较不同作品的文化背景，可以帮助学生更好地理解文学作品的社会价值和历史意义。通过比较不同文化背景下对同一主题或人物的描绘，学生可以更深入地理解文化差异对文学创作的影响。

（二）组织学生讨论和交流

组织学生讨论和交流在教育过程中的重要性，可以体现在以下几个方面。

加深对文本的理解和把握：讨论和交流能够鼓励学生表达自己的看法和意见，通过与他人的交流和讨论，学生可以从不同的角度理解和把握文本，从而加深对文本的理解和把握。

提高表达能力和思维能力：讨论和交流需要学生能够清晰地表达自己的观点和看法，同时也需要学生能够倾听他人的意见和建议，从而提高学生的口头表达能力、逻辑思维能力和批判性思维能力。

增强团队合作能力：讨论和交流通常需要学生以小组的形式进行，这能够增强学生的团队合作能力，培养他们的沟通和协作技巧。

激发学习兴趣：讨论和交流能够让学生更加积极地参与到学习过程中，通过发表自己的看法和意见，能够激发他们的学习兴趣和热情，从而提高学习效果。

促进师生互动：讨论和交流需要教师和学生之间的互动和交流，这能够促进师生之间的互动和了解，建立更加紧密的师生关系。

为了组织学生进行讨论和交流，教师可以采取以下措施。

制定讨论主题：教师需要根据教学内容和学生实际情况，制定适合的讨论主题，引导学生围绕主题进行讨论和交流。

分组讨论：教师可以根据学生的兴趣、能力等因素进行分组，让学生在小组内进行讨论和交流，充分发挥学生的个性和特长。

给予适当的引导：教师需要给予学生适当的引导和支持，鼓励学生发表自己的看法和意见，同时也要注意控制讨论的节奏和方向，避免讨论偏离主题。

给予反馈和评价：教师需要及时给予学生反馈和评价，肯定学生的表现和进步，同时也要指出存在的问题和不足，帮助学生更好地改进和提高。

（三）评价和反馈

在教学过程中，教师需要及时对学生的讨论和交流进行评价和反馈。

1.评价的目的

评价不仅仅是为了分出学生的优劣，更是一种全面的了解过程。通过评价，教师可以了解学生对于知识的掌握程度，以及他们在讨论和交流中的表现，包括他们的优点和不足。这种全面的了解有助于教师提供更具针对性的建议和指导。

2.评价的形式

评价的形式多种多样，包括口头评价、书面评价和评分等。口头评价能够及时反馈学生的学习情况，帮助他们立即调整学习策略。书面评价则可以提供更详细的分析，包括学生的优点和不足，以及建议性的改进措施。评分则可以作为一种量化工具，帮助教师记录学生的学习进步。

3.反馈的重要性

反馈是教学过程中的关键环节。教师通过反馈，向学生提供关于他们表现的详细信息，并给出改进的建议。这种反馈不仅有助于学生了解自己的不足，更能激发他们的学习动力，促使他们积极改进。

4.了解学生的情况

通过评价和反馈，教师可以更好地了解学生的学情，包括他们的优点、不足以及学习中的困难。这种了解有助于教师调整教学策略和方法，以适应学生的需求，从而提高教学效果。

5.调整教学策略

教师根据评价和反馈结果，可以调整教学策略和方法。例如，如果学生在讨论和交流中表现出沟通技巧的不足，教师可能需要提供更多的沟通训练。如果学生在某些知识点上存在困难，教师可能需要调整教学进度或者提供额外的辅导。

6.提高教学效果

通过及时、有效的评价和反馈，教师可以提高教学效果。学生能够了解自己的进步和不足，从而更有针对性地学习。教师则可以根据学生的反馈调整教学策略，以提供更符合学生需求的教学。

（四）比较式阅读教学的拓展和应用

比较式阅读教学的拓展和应用在比较式阅读教学中，教师不仅关注学生对文本的理解和掌握，还注重引导学生将所学知识应用到实际生活中，以提高他们的综合素质和能力。

1.写作方面

通过比较不同的文本和观点，学生可以更好地理解写作技巧和表达方式，从而在写作中运用自如。例如，教师可以引导学生比较不同作家的写作风格，分析他们的语言表达、结构安排、主题表达等方面的差异，从而更好地掌握写作技巧。此外，学生还可以将所学知识应用到写作实践中，如撰写读后感、评论文章等，以提高自己的写作能力和表达能力。

2.口语表达方面

比较式阅读教学可以帮助学生提高口语表达能力。通过比较不同的文本和观点，学生可以更好地理解口语表达的特点和技巧，如语速、语调、停顿等。此外，学生还可以在口语表达中运用所学知识，如分析文本的结构、主题、语言表达等方面的特点，从而更好地表达自己的观点和想法。

3.课外拓展活动

教师还可以鼓励学生将所学知识应用到课外拓展活动中，如写作比赛、演讲比赛、读书会等。这些活动不仅可以提高学生的综合素质和能力，还可以增强学生的自信心和表达能力。例如，教师可以组织学生参加写作比赛，让学生在比赛中运用所学知识进行创作；还可以组织读书会，让学生交流阅读心得和体会，从而提高自己的阅读能力和思考能力。

4.思维能力和判断能力

比较式阅读教学可以提高学生的思维能力和判断能力。通过比较不同的文本和观点，学生可以更好地理解事物的多样性和复杂性，从而形成更加全面和客观的思维方式。此外，学生还可以在比较中学会判断和分析，提高自己的判断能力和决策能力。

第三节　初中语文项目式阅读教学

一、项目式阅读教学的概念和特点

项目式阅读教学是一种以学生为中心的阅读教学方法，它通过设计和实施一系列的项目，使学生能够更深入地理解和应用阅读材料。项目式阅读教学的定义和定义方式可以从不同的角度来理解。从教育学的角度来看，项目式阅读教学是一种通过项目活动来促进学生对阅读材料的理解和应用的手段。从阅读学的角度来看，项目式阅读教学是一种通过项目活动来提高学生的阅读能力和阅读素养的方法。

项目式阅读教学具有以下特点和作用。

（一）实践性

项目式阅读教学注重学生的实践活动，通过项目活动来提高学生的阅读能力和阅读素养。这种教学方法将阅读与实际操作相结合，使学生在实践中学习和掌握阅读技巧，增强了学生的阅读兴趣和阅读能力。

在项目式阅读教学中，教师通常会设计一些与阅读材料相关的项目活动，如小组讨论、角色扮演、案例分析等，让学生通过亲身参与实践活动来加深对阅读材料的理解。这些活动不仅有助于提高学生的阅读技能，还能培养学生的团队协作精神和解决问题的能力。

通过项目活动，学生可以更好地将所学的阅读知识应用到实际生活中，提高自己的综合素质。同时，项目式阅读教学也注重学生的个体差异，教师会根据学生的不同特点和需求，设计适合他们的项目活动，使每个学生都能在项目中获得成长和进步。

（二）探究性

项目式阅读教学鼓励学生自主探究和合作学习，通过探究和讨论来加深对阅读材料的理解。这种教学方法注重培养学生的自主思考能力和创新精神，鼓励学生通过自己的努力去发现和解决问题。

在项目式阅读教学中，教师通常会引导学生对阅读材料进行深入探究，鼓励学生提出自己的见解和疑问，并与其他学生进行交流和讨论。这种探究式的学习方式有助于培养学生的批判性思维和创新能力，同时也能增强学生的自信心和自尊心。

通过探究和讨论，学生可以更好地理解阅读材料的深层含义和价值，提高自己的阅读素养。同时，这种探究式的学习方式也有助于培养学生的合作精神和团队精神，为未来的学习和工作打下坚实的基础。

（三）综合性

项目式阅读教学注重学生的综合应用能力，通过项目活动来整合学生的知识和技能，培养学生的综合素质。这种教学方法打破了传统单一的阅读教学模式，将阅读与其他学科知识相结合，注重培养学生的综合素质和能力。

在项目式阅读教学中，教师通常会设计一些综合性强的项目活动，如跨学科研究、案例分析等，让学生通过解决实际问题来整合所学知识，提高自己的综合素质。这些项目活动不仅有助于提高学生的阅读技能和知识水平，还能培养学生的创新能力和解决问题的能力。

通过项目式阅读教学，学生可以更好地将所学知识应用到实际生活中，提高自己的综合素质和能力。同时，这种教学方法也有助于培养学生的自信心和自尊心，激发他们的学习兴趣和动力。

二、项目的设计和实施

初中语文项目式阅读教学的设计和实施应该根据学生的实际情况和阅读材料的性质来进行。以下是一些具体的建议。

（一）项目的主题和内容设计

项目式阅读教学的主题和内容设计应该考虑以下几个方面。

1.贴近学生生活和兴趣

项目主题应该贴近学生的生活和兴趣，这样可以激发他们的参与热情和积极性。例如，可以设计一些与学生的日常生活、校园活动、科技发展等相关的主题，让学生通过项目式学习更好地理解和应用所学知识。

2.符合语文课程标准要求

项目内容应该符合语文课程标准的要求，包括对阅读材料的理解、分析和应用等方面。这样可以确保学生在项目式学习中能够达到语文课程的学习目标。

3.实用性和可操作性

项目内容应该具有实用性和可操作性，能够帮助学生提高阅读能力和思维能力。例如，可以设计一些与实际生活相关的阅读任务，如调查报告、广告文案等，让学生通过分析、讨论和合作完成这些任务，提高他们的阅读和写作能力。

4.深入分析和讨论阅读材料

项目内容应该包括对阅读材料的深入分析和讨论，这样可以帮助学生更好地理解阅读材料，提高他们的阅读理解能力和分析能力。同时，也可以通过讨论和交流，提高学生的口头表达能力和思维能力。

5.解决问题或完成某项任务

项目内容应该包括如何应用阅读材料来解决问题或完成某项任务，这样可以提高学生的实际应用能力。例如，可以设计一些与实际生活相关的阅读任务，如制作海报、撰写演讲稿等，让学生通过合作完成任务，提高他们的团队合作能力和解决问题的能力。

（二）项目的组织和实施过程

项目的组织和实施过程可以按照以下步骤进行。

1.小组讨论

教师可以将学生分成若干小组，并给每个小组分配一个与阅读材料相关的主题或问题。通过小组讨论，学生可以相互交流、分享观点和想法，加深对阅读材料的理解。

2.个人思考

教师还可以引导学生进行个人思考，让学生自主分析阅读材料中的某些问题或概念，形成自己的见解和思考方式。这种方式可以培养学生的自主思考能力和创新能力。

3.合作学习

教师可以组织学生进行合作学习，鼓励学生通过小组合作、分工协作等方式完成项目任务。这种方式可以培养学生的团队协作精神和沟通能力，同时也可以促进学生对阅读材料的深入理解和应用。

4.教师引导和指导

在项目的组织和实施过程中，教师的作用应该是引导和指导，而不是主导整个过程。教师应该给予学生必要的指导和帮助，但不应该过多干预学生的思考和探索过程。教师应该注重学生的参与度和合作精神的培养，鼓励学生积极参与、交流和合作，以达到更好的教学效果。

5.反馈和评估

在项目完成后，教师应该及时给予学生反馈和评估，了解学生对阅读材料的掌握程度和存在的问题。教师可以通过小组讨论、个人报告、测试等方式进行评估，并根据评估结果给予学生必要的指导和建议。

（三）学生自主探究和合作学习

项目式阅读教学是一种注重学生自主探究和合作学习的教学方法，它强调学生在阅读过程中通过自己的思考和实践，加深对阅读材料的理解，同时也要学会与他人合作和交流，共同完成项目任务。这种教学方法有助于提高学生的阅读能力和思维能力，培养学生的自主学习和合作能力。

自主探究是提高阅读能力的关键。在阅读过程中，学生需要深入思考阅读材料的内容和意义，通过自己的思考和实践来加深对阅读材料的理解。学生应该充分发挥自己的主观能动性，积极思考、勇于实践，不断探索阅读材料中的问题，通过这种方式来提高自己的阅读能力。

合作学习可以促进学生之间的交流和合作。在项目式阅读教学中，学生需要共同完成项目任务，这就需要他们相互合作、交流和讨论。通过这种方式，学生可以更好地掌握阅读材料的内容和意义，同时也可以培养他们的合作意识和团队精神。在合作过程中，学生可以相互学习、相互帮助，共同解决问题，提高自己的阅读能力和思维能力。

自主探究和合作学习可以提高学生的综合素质。在项目式阅读教学中，学生需要不断思考、探索和实践，这有助于培养学生的创新精神和实践能力。同时，合作学习还可以培养学生的团队协作能力、沟通能力和解决问题的能力，这些能力是学生未来发展所必需的。

为了更好地实施项目式阅读教学，教师需要注意以下几点。

引导学生积极参与：教师应该鼓励学生积极参与阅读过程，给予他们充分的思考和实践机会，让他们通过自己的思考和实践来加深对阅读材料的理解。

给予适当的指导：教师需要给予学生适当的指导，帮助他们解决在思考和实践过程中遇到的问题，同时也要引导他们学会与他人合作和交流。

制定明确的目标：教师应该制定明确的目标，让学生在阅读过程中明确自己的任务和目的，有针对性地进行思考和实践。

注重反馈和评价：教师需要及时给予学生反馈和评价，帮助他们总结经验和不足之处，促进他们的学习进步。

（四）教师引导和指导

教师引导和指导在项目式阅读教学中具有重要作用，具体表现在以下几个方面。

1.帮助学生解决问题和困难

在项目式阅读教学中，学生可能会遇到各种问题和困难，如理解困难、表达不清、缺乏相关知识和技能等。教师作为引导者和指导者，应该及时发现这些问题，并提供必要的帮助和指导，帮助学生克服困难，解决问题。

2.监控和评价学生的学习过程

教师需要对学生的学习过程进行监控和评价，以便及时了解学生的学习进展和遇到的问题，及时调整教学策略和方法，帮助学生更好地理解和掌握知识。同时，教师也应该根据学生的学习情况和需求，提供个性化的指导和帮助，以满足不同学生的需求。

3.提供必要的指导和帮助

教师应该根据学生的实际情况和需求，提供必要的指导和帮助，包括提供相关知识和技能的支持、引导学生解决问题、提供学习资源等。这些指导和帮助应该具有针对性和有效性，以促进学生的学习进程和效果。

4.促进学生的学习效果和质量

通过教师引导和指导，学生可以更好地理解和掌握知识，提高学习效果和质量。教师可以通过提供个性化的指导和帮助、及时发现和解决学生学习中存在的问题、及时调整教学策略和方法等方式，帮助学生更好地理解和掌握知识，提高学生的学习效果和质量。

三、项目式阅读教学的评价和反馈

初中语文项目式阅读教学的评价和反馈应该包括对项目成果的评价、学生自我评价、教师评价等多个方面。

（一）项目成果的评价和反馈

教师在项目式阅读教学中，对学生成果的评价和反馈是至关重要的一环。这一过程不仅能帮助学生了解自己的学习情况，而且有助于教师更好地调整教学策略，提高教学质量。

1.理解与应用程度的评价

评价学生对阅读材料的理解和应用程度是项目式阅读教学中重要的一环。教师可以通过学生的回答、讨论和小组报告等成果，评估学生对阅读材料的理解程度以及能否将其应用到实际情境中。教师需要关注学生是否能够准确理解阅读材料的主题、观点和细节，同时也要注意学生是否能够运用所学知识解决实际问题。

2.团队合作和交流能力的评价

项目式阅读教学通常需要学生以小组形式进行，因此，评价学生的团队合作和交流能力也是评价成果的重要方面。教师可以通过观察学生在小组讨论、任务分配和协作过程中的表现，评估学生是否能够积极参与、尊重他人、有效沟通以及解决团队内部的冲突。

3.给予客观、公正的评价

在评价过程中，教师应根据项目的具体要求和标准，给予学生客观、公正的评价。这不仅有助于维护评价的公正性和可信度，也有助于激发学生的积极性和自信心。教师需要注意避免过度关注学生的不足之处，而应注重发现和肯定学生的优点，鼓励学生继续努力。

4.反馈应以鼓励为主，同时指出不足

反馈是项目式阅读教学的重要组成部分，教师需要注重给予学生积极的反馈，同时指出学生的不足之处，并提出改进的建议。教师的反馈应以鼓励为主，帮助学生更好地了解自己的优点和潜力，增强学生的学习动力和自信心。在指出不足之处时，教师应注意用词委婉，避免伤害学生的自尊心。

（二）学生自我评价和反思

1.回顾学习过程

回顾自己在学习过程中的表现，包括是否认真完成了老师布置的任务、是否积极思考、是否善于提问等。通过回顾，我们可以发现自己在学习过程中存在的问题和不足之处。

2.评估阅读成果

认真评估自己在阅读方面的成果，包括是否掌握了阅读技巧、是否能够准确理解文章的意思、是否能够分析文章的结构等。通过评估，我们可以发现自己在阅读方面的优势和不足之处，从而更好地调整自己的学习计划。

3.反思学习方法和策略

反思自己的学习方法和策略是否得当。是否采用了适合自己的学习方法，是否善于利用时间，是否能够积极与老师和同学交流，通过反思，我们可以发现自己的不足之处，并采取相应的措施加以改进。

4.借鉴他人经验

与教师和同学之间的交流是非常重要的。通过相互借鉴学习经验和方法，我们可以共同提高阅读能力和阅读素养。可以向教师请教问题、与同学分享学习心得等。

5.制订改进计划

根据自我评价和反思的结果，制定相应的改进计划。可以针对自己的不足之处制定相应的训练计划，如加强阅读技巧的训练、增加课外阅读量等。同时，也可以调整自己的学习方法和策略，以提高学习效率。

（三）教师评价和总结

教师评价和总结是教育过程中非常重要的一部分，它不仅可以帮助学生更好地了解自己的表现和不足之处，同时也可以为教师提供教学反馈，优化教学策略和方法，提高教学效果和质量。

1.评价应客观、公正、全面

教师对学生的评价应该基于学生的实际表现和成果，而不是主观臆断或偏见。评价应该公正、客观，避免过度赞扬或批评。同时，评价应该全面，包括学生的知识、技能、态度、情感等多个方面。教师可以通过观察、测试、问卷调查等多种方式获取评价信息，确保评价的准确性和可靠性。

2.总结和分析项目的过程和效果

教师需要对整个项目的过程和效果进行总结和分析，以便更好地了解学生的表现和不足之处。教师需要关注学生在项目中的参与程度、合作能力、解决问题的能力等方面，同时也要关注项目的教学效果和质量。教师可以通过观察、测试、问卷调查等方式收集数据，进行分析和总结，以便更好地了解学生的表现和需求，调整教学策略和方法。

3.了解学生在项目式阅读教学中的表现和不足之处

项目式阅读教学是一种以学生为中心的教学方式，旨在培养学生的自主学习能力和解决问题的能力。教师可以通过评价和总结，了解学生在项目式阅读教学中的表现和不足之处，以便更好地调整教学策略和方法，为学生提供更有效的指导和帮助。例如，教师可以发现学生在阅读理解、词汇积累、写作技巧等方面存在的问题，并针对这些问题提供针对性的指导和帮助。

4.根据学生的表现和反馈优化项目

教师还可以根据学生的表现和反馈，对项目进行优化和改进。例如，教师可以根据学生的反馈和建议，对项目的难度、内容、形式等方面进行调整和优化，以提高项目的教学效果和质量。此外，教师还可以与其他教师或专家合作，共同研究和开发更有效的项目式教学方法和策略。

（四）项目的拓展和应用

项目式阅读教学不仅可以提高学生的学术成绩，还可以提高学生的综合素质和应用能力。

1.应用于实际生活

将项目成果应用于实际生活是一种很好的方式，让学生了解所学知识在实际中的应用。例如，学生可以开发一个帮助社区老年人使用智能手机的项目，然后在社区推广应用。这样的应用不仅可以增强学生的实践能力，还可以提高他们的社会责任感。

2.应用于其他学科

将项目经验和方法应用于其他学科或领域也是很有益的。学生可以通过研究某一主题或项目的方法来开发一种通用解决问题的方法。例如，一个研究环境问题的项目方法也可以用于其他学科的问题解决。

3.提高学生综合素质

通过项目拓展和应用，学生的综合素质也会得到提高。例如，团队合作、沟通、领导力、批判性思维等技能都可以在项目中得到锻炼和提高。这些技能不仅对学术学习有帮助，而且对学生的未来职业发展也非常重要。

4.提高解决问题的能力

通过项目拓展和应用，学生可以更好地将所学知识运用到实际生活中，提高解决问题的能力。在项目中，学生需要面对各种挑战和问题，需要寻找解决方案。这不仅可以增强学生的自信心和成就感，还可以培养他们的创新能力和批判性思维。

5.增强自信心和成就感

通过完成项目并成功应用，学生可以增强自信心和成就感。这种积极的情绪体验可以激励学生继续努力学习，并积极参与各种学习活动。同时，这种积极的情绪体验也可以增强学生的自尊心和自我价值感。

第九章　初中语文阅读教学评估与反馈创新

第一节　初中语文阅读教学评估体系构建与创新

一、评估体系构建目标

为了全面评估学生的阅读水平，为教师提供有效的反馈信息，并激励学生养成良好的阅读习惯，提升阅读兴趣和阅读理解能力，我们构建了一套评估体系。该评估体系旨在提高语文阅读教学的教学质量和效果。

二、评估体系设计原则

在设计评估体系时，我们遵循了以下原则。

（一）综合性

学生的阅读水平评估是一项综合性的任务，需要考虑多个方面，包括学生的阅读兴趣、阅读习惯、阅读理解能力等。这些因素共同构成了学生阅读能力的综合表现，需要我们在评估过程中进行全面考虑。评估结果的准确性不仅依赖于科学的方法和合理的标准，还需要我们充分了解学生的实际情况，尊重学生的个体差异，以公正、客观的态度进行评估。

（二）发展性

阅读是学生终身发展的重要素养之一，评估学生的阅读能力时，我们需要关注学生的阅读素养和阅读能力的发展。这意味着我们需要注重学生阅读习惯的培养，鼓励他们养成良好的阅读习惯，培养他们的阅读兴趣和阅读能力。同时，我们还需要注重学生的个体差异，根据学生的实际情况制订个性化的阅读计划和指导方案，为学生的终身阅读打下坚实的基础。

（三）有效性

评估的目的是改进教学和提高学生的学习效果，因此评估结果必须具有有效性。这意味着我们需要确保评估过程和结果的客观性、准确性和可靠性，同时还需要考虑如何将评估结果有效地运用到教学实践中去。我们可以通过定期进行阅读评估，了解学生的学习情况和阅读能力的发展情况，进而调整教学策略和方法，促进学生的阅读能力的提升。此外，我们还可以通过评估结果反馈，不断改进和优化评估方法，提高评估的准确性和有效性。

三、评估指标体系

根据上述原则和目标，我们构建了一个评估指标体系，包括以下四个方面。

（一）阅读兴趣

学生的阅读兴趣是影响其阅读行为的重要因素。学生对阅读的喜爱程度不同，因此他们参与阅读活动的程度也会有所不同。有些学生可能非常喜欢阅读，积极参与各种阅读活动，而有些学生可能对阅读不感兴趣，很少主动参与阅读。因此，教师在教学过程中应该注重培养学生的阅读兴趣，通过各种方式激发学生的阅读热情，让他们更加积极地参与阅读活动。

（二）阅读习惯

学生的阅读习惯也是影响其阅读行为的重要因素之一。良好的阅读习惯包括定期阅读、自主阅读等。如果学生能够养成这些良好的阅读习惯，他们就会更容易保持阅读的习惯，同时也会更加热爱阅读。此外，学校和家庭应该为学生提供良好的阅读环境，如提供足够的图书资源、建立良好的阅读氛围等，帮助学生养成良好的阅读习惯。

（三）阅读理解能力

学生的阅读理解能力是衡量其阅读能力的重要指标之一。如果学生能够正确理解文章的主旨和重点内容，说明他们的阅读理解能力较好。因此，教师在教学过程中应该注重培养学生的阅读理解能力，通过各种方式提高学生的阅读理解水平。例如，教师可以引导学生进行深入思考、分析文章结构、概括文章主旨等，帮助学生更好地理解文章内容。

（四）阅读素养

学生的阅读素养是指他们运用所学的阅读知识进行自我学习、交流和表达的能力。良好的阅读素养不仅包括对文章的理解和掌握，还包括对所学的阅读知识的运用和拓展。因此，教师在教学过程中应该注重培养学生的阅读素养，通过各种方式提高学生的阅读能力，让他们能够更好地运用所学的知识进行自我学习和交流表达。例如，教师可以引导学生进行课外阅读、组织读书交流会、开展阅读分享活动等，帮助学生更好地提高自己的阅读素养。

四、评估方法

为了有效地实施评估，我们采取了以下几种方法。

（一）课堂观察

课堂观察是教师评估学生阅读表现的重要工具，它可以帮助教师及时发现学生在阅读中存在的问题，并提供有针对性的指导。

1.了解学生的阅读水平

通过观察学生的阅读表现，如阅读速度、理解能力、阅读习惯等，教师可以获取关于学生阅读水平的第一手资料。这些信息可以帮助教师判断学生的阅读水平，并为他们提供个性化的教学策略。

2.及时调整教学策略

教师通过观察学生的阅读表现，可以了解学生对阅读材料的掌握程度和理解程度，从而调整教学策略，以满足学生的需求。例如，如果大部分学生阅读速度较慢，教师可能需要调整阅读材料的难度或增加阅读时间。

3.提高教学效果

通过课堂观察，教师可以获取关于学生学习效果的信息，从而为教学反馈提供依据。这些反馈可以帮助教师了解自己的教学方法是否有效，并及时调整教学计划，以提高教学效果。

4.促进师生互动

课堂观察不仅可以帮助教师了解学生的学习情况，还可以促进师生之间的互动。教师可以通过观察学生的反应和参与度，了解学生对阅读材料的兴趣和疑惑，从而更好地与学生进行互动，提高教学效果。

5.培养良好的阅读习惯

通过课堂观察，教师可以鼓励学生养成良好的阅读习惯，如正确的阅读姿势、良好的阅读环境等。这些习惯的养成有助于提高学生的阅读效果和阅读能力。

6.评估学生的综合素质

课堂观察不仅可以评估学生的阅读表现，还可以评估学生的综合素质。通过观察学生的语言表达、思考能力、理解能力等方面的表现，教师可以更好地了解学生的综合素质，并为学生的全面发展提供指导。

7.提升教师的专业素养

课堂观察需要教师具备敏锐的观察力和分析能力，这有助于提升教师的专业素养。教师通过观察和分析学生的阅读表现，可以不断优化自己的教学方法和策略，提高自己的教学水平。

（二）测试

1.测试的意义

定期进行阅读测试是了解学生阅读水平和效果的有效手段。通过阅读测试，教师可以全面了解学生的阅读能力，包括选择题、简答题、写作等多种题型，以全面考察学生的阅读能力。同时，测试结果可以为教师提供教学反馈，帮助教师了解学生的阅读水平，及时调整教学计划，提高教学质量。

2.测试的内容

阅读测试的内容应全面涵盖学生的阅读能力，包括但不限于以下几个方面。

（1）选择题：考查学生对文章主旨、重要概念和信息的理解。

（2）简答题：考查学生对文章细节的把握，以及对文章内容的分析和评价能力。

（3）写作：考查学生的书面表达能力，包括对文章的理解、组织、表达等方面。

通过多种题型的考查，教师可以全面了解学生的阅读能力，发现学生的优势和不足，为后续的教学提供依据。

3.测试的作用

阅读测试在阅读教学中具有以下作用。

（1）诊断作用：通过测试，教师可以了解学生的阅读水平，发现学生在阅读中存在的问题，为后续的教学提供参考。

（2）反馈作用：测试结果可以为教师提供教学反馈，帮助教师了解学生的阅读水平，及时调整教学计划，提高教学质量。

（3）激励作用：适当的测试可以激发学生的阅读兴趣和动力，提高学生的阅读积极性和主动性。

4.测试的实施

为了确保测试的有效性和可靠性，教师需要注意以下几点。

（1）制订合理的测试计划，确保测试的频率和难度适中。

（2）选择合适的测试内容，确保测试内容与教学目标相符合。

（3）确保测试的公正性和客观性，避免人为因素的干扰。

（4）及时分析测试结果，为后续教学提供依据。

（三）学生自评和互评

学生自评和互评的重要性体现在以下几个方面。

（1）自我反思和自我认知：学生通过自我评价，可以了解自己在阅读过程中的优点和不足，从而进行自我反思，明确自己的学习目标和方向。这种自我反思有助于培养学生的自主学习能力和自我管理能力。

（2）相互借鉴和学习：学生之间的相互评价可以促进相互学习和交流。通过观察他人的表现，学生可以发现他人的优点和长处，从而借鉴和学习。同时，学生也可以从他人的不足中吸取教训，避免自己犯同样的错误。

（3）团队合作和沟通能力：学生通过自评和互评，可以增强团队合作意识和沟通能力。在相互评价的过程中，学生需要相互尊重、理解和支持，这有助于培养学生的团队协作精神和沟通能力。

（4）增强学习动力和兴趣：通过自我评价和相互评价，学生可以了解自己的进步和成长，从而增强学习动力和兴趣。这种积极的反馈和认可可以激励学生更加努力地学习，提高学习效果。

（5）促进个性化发展：学生自评和互评的方式可以促进学生的个性化发展。每个学生都有自己的学习特点和优势，通过自我评价和相互评价，学生可以更好地了解自己的优势和不足，从而有针对性地进行学习和改进。

（四）教师评价

教师评价在教学过程中的重要性不言而喻，它是提高教学质量的关键因素之一。通过教师评价，教师可以了解学生的表现和需求，进而调整教学策略和方法，提高教学效果。同时，教师评价也能够为学生提供反馈和建议，帮助他们更好地认识自己的优点和不足，从而促进学生的个人成长和发展。

以下是教师评价的几个重要方面，以及相应的论述。

1.客观公正的评价态度

教师评价应该是客观公正的，不能带有任何主观偏见和情感色彩。教师需要认真观察学生的表现，根据学生的表现和测试结果进行评价，提出教学改进的建议。同时，教师也应该尊重学生的个体差异，根据学生的不同特点和需求进行评价，以更好地促进学生的个人成长和发展。

2.肯定学生的优点

教师评价应该注重肯定学生的优点，帮助学生树立自信心和自尊心。教师应该关注学生的点滴进步，并及时给予肯定和鼓励，让学生感受到自己的努力得到了认可和赞赏。这有助于激发学生的学习兴趣和积极性，促进学生的个人成长和发展。

3.指出存在的问题和不足

教师评价也应该指出学生存在的问题和不足，帮助学生认识到自己的不足之处，并寻求改进的方法和途径。教师应该认真分析学生的表现和测试结果，找出学生在学习过程中存在的问题和困难，并提出相应的改进建议。同时，教师也应该注重与学生家长的沟通和交流，共同关注学生的成长和发展。

4.注重评价方式的多样性

教师评价应该注重评价方式的多样性，采用多种评价手段和方法，如课堂观察、测试、学生自评和互评等。通过多种评价方式，教师可以全面了解学生的学习情况和需求，进而调整教学策略和方法，提高教学效果。同时，多种评价方式也能够激发学生的学习兴趣和积极性，促进学生的个人成长和发展。

第二节 初中语文阅读教学中学生个体差异评估与反馈

一、学生个体差异评估内容

（一）阅读兴趣和动机

了解不同学生的阅读兴趣和动机对于教师来说非常重要。通过了解学生的阅读兴趣和动机，教师可以更好地评估学生的阅读偏好，从而选择适合他们的阅读材料和教学方法。同时，激发学生的阅读兴趣和动机也是提高他们阅读积极性和参与度的重要手段。以下是一些评估学生阅读兴趣和动机的方法。

1.观察学生的阅读行为

观察学生在课堂内外阅读书籍的类型、频率和时间，以及他们对阅读的反应和态度。

2.问卷调查

设计一份问卷调查，了解学生对不同类型的书籍的偏好，以及对阅读的看法和态度。

3.交流访谈

与学生进行一对一或小组交流，了解他们的阅读兴趣和动机，以及他们对阅读的态度和感受。

通过以上方法，教师可以获得关于学生阅读兴趣和动机的更全面和客观的信息，从而更好地为学生提供个性化的阅读指导和支持。

（二）阅读能力和水平

评估学生的阅读能力对于教师来说也是至关重要的。了解学生的词汇量、理解能力和阅读速度等，可以帮助教师进行教学设计，选择适合学生水平的阅读材料，以及调整教学难度和进度等。以下是一些评估学生阅读能力的方法。

1.课堂观察

观察学生在课堂上的阅读表现，包括他们的理解能力、词汇量和对文章主旨的把握等。

2.定期测试和评估

定期进行阅读测试和评估，了解学生的阅读能力变化，以便及时调整教学策略。

3.家长反馈

与家长沟通，了解学生在家庭中的阅读表现和阅读能力，以便更好地了解学生的整体阅读能力。

通过以上方法，教师可以获得关于学生阅读能力的更全面和客观的信息，从而更好地为学生提供针对性的阅读指导和支持。

（三）阅读习惯和环境

评估学生的阅读习惯和环境对于教师来说也是非常关键的。了解学生在哪里阅读、何时阅读以及阅读的时间长短等，可以帮助教师提供个性化的阅读指导和环境支持。以下是一些评估学生阅读习惯和环境的方法。

1.观察学生的阅读场所

了解学生在学校、家庭和其他场所的阅读场所，并观察他们在这些场所的阅读行为。

2.家长反馈

与家长沟通，了解学生在家庭中的阅读环境和习惯，以及他们在课外阅读的时间和内容等。

3.定期调查

定期对学生进行阅读习惯和环境的调查，了解他们的阅读喜好和环境需求，以便提供个性化的支持和指导。

通过以上方法，教师可以获得关于学生阅读习惯和环境的更全面和客观的信息，从而更好地为学生提供个性化的阅读指导和环境支持。同时，教师还可以根据学生的实际情况，提供一些个性化的阅读技巧和方法指导，帮助他们养成良好的阅读习惯。

二、反馈机制建立

（一）建立学生档案

教师评价在教学过程中的重要性不言而喻，它是提高教学质量的关键因素之一。通过教师评价，教师可以了解学生的表现和需求，进而调整教学策略和方法，提高教学效果。同时，教师评价也能够为学生提供反馈和建议，帮助他们更好地认识自己的优点和不足，从而促进学生的个人成长和发展。

1.客观公正的评价态度

教师评价应该是客观公正的，不能带有任何主观偏见和情感色彩。教师需要认真观察学生的表现，根据学生的表现和测试结果进行评价，提出教学改进的建议。同时，教师也应该尊重学生的个体差异，根据学生的不同特点和需求进行评价，以更好地促进学生的个人成长和发展。

2.肯定学生的优点

教师评价应该注重肯定学生的优点，帮助学生树立自信心和自尊心。教师应该关注学生的点滴进步，并及时给予肯定和鼓励，让学生感受到自己的努力得到了认可和赞赏。这有助于激发学生的学习兴趣和积极性，促进学生的个人成长和发展。

3.指出存在的问题和不足

教师评价也应该指出学生存在的问题和不足，帮助学生认识到自己的不足之处，并寻求改进的方法和途径。教师应该认真分析学生的表现和测试结果，找出学生在学习过程中存在的问题和困难，并提出相应的改进建议。同时，教师也应该注重与学生家长的沟通和交流，共同关注学生的成长和发展。

4.注重评价方式的多样性

教师评价应该注重评价方式的多样性，采用多种评价手段和方法，如课堂观察、测试、学生自评和互评等。通过多种评价方式，教师可以全面了解学生的学习情况和需求，进而调整教学策略和方法，提高教学效果。同时，多种评价方式也能够激发学生的学习兴趣和积极性，促进学生的个人成长和发展。

（二）定期反馈

1.了解优势和不足

定期反馈可以帮助学生了解自己的学习状况，发现自己的优势和不足。教师通过反馈，可以提供具体的评估结果和建议，帮助学生明确自己的学习方向和目标。这种反馈还可以增强学生的自我反思能力，使他们能够更好地认识自己的学习状况，从而更好地调整自己的学习策略。

2.促进自我反思和改进

定期反馈不仅可以提供客观的评估结果，还可以引导学生进行自我反思。教师可以通过口头或书面反馈，引导学生思考自己的表现和不足，并提出改进的建议。这种反馈方式可以帮助学生更好地理解自己的问题，并制定相应的改进计划，从而促进他们的自我反思和改进。

3.增强师生之间的沟通与互动

定期反馈还可以增强师生之间的沟通与互动。教师可以通过反馈过程与学生进行交流和讨论，了解学生的学习需求和困难，并给予相应的帮助和支持。这种互动方式可以增强师生之间的信任和合作，有利于构建良好的师生关系，从而促进学生更好地发展。

4.提高学生学习的积极性和主动性

定期反馈可以让学生了解自己的学习进展和成果，增强他们的自信心和成就感。同时，教师通过反馈可以提供有针对性的建议和指导，帮助学生更好地理解和掌握知识，从而提高他们的学习兴趣和主动性。这种积极的学习态度可以促进学生的学习进步，并有助于他们在未来的学习和职业生涯中取得更好的成果。

（三）个别指导

1.满足个性化需求

阅读是个性化的行为，每个学生的阅读水平和阅读兴趣都可能存在差异。个别指导可以根据每个学生的特定需求和阅读困难，提供有针对性的帮助和资源，使他们能够更好地理解和掌握阅读材料。

2.提高阅读能力

个别指导不仅可以提供额外的阅读材料，还可以教授阅读技巧和策略，以帮助学生更有效地理解和消化文本内容。这些技巧包括预测、概括、总结等，可以帮助学生在阅读过程中更好地理解文章结构和含义。

3.增强师生互动

个别指导为学生和教师之间提供了更直接的交流机会。教师可以了解学生的阅读进度和困难，学生也可以更清楚地表达他们的疑惑和需求。这种互动可以增强师生之间的信任和了解，为后续教学打下良好的基础。

4.鼓励自主学习

个别指导还可以为学生提供自我导向的机会，使他们能够自主解决阅读问题并提高阅读技能。通过这种方式，学生可以逐渐培养自主学习的习惯和能力，这对于他们的终身学习和发展至关重要。

5.培养自信心

对于一些阅读能力较弱的学生来说，个别指导可以提供更多的支持和鼓励，帮助他们建立自信心，从而更有信心地面对阅读挑战。这种积极的反馈可以激发他们的学习兴趣和动力，提高他们的阅读热情。

6.优化教学资源

个别指导可以根据每个学生的特定需求提供个性化的教学方案，这可以优化教育资源的使用。教师可以将有限的资源投入到更有针对性的指导和支持中，从而提高教学效率和质量。

7.促进教学创新

个别指导为教师提供了创新教学方法和策略的机会。教师可以通过观察和分析学生的阅读过程，了解学生的兴趣和需求，从而开发出更符合学生发展需要的教学方式和方法。

（四）家长参与

家长是孩子阅读发展的关键支持者。家长是与孩子接触最多的人，他们能够提供孩子日常生活中所需的情感支持和鼓励。家长的参与可以增强孩子对阅读的积极态度，激发他们对阅读的兴趣和热情。

教师与家长沟通，共同关注学生的阅读发展。教师是专业的教育者，他们能够提供孩子阅读发展方面的专业评估和建议。教师可以将学生的评估结果和教学建议告知家长，与家长共同讨论如何支持学生的阅读成长。这样的沟通方式可以帮助家长更好地了解孩子的学习状况，并为其提供有针对性的支持。

家长提供学生在家中的阅读表现和反馈。家长不仅可以与教师合作，还可以在家中为孩子提供阅读支持和指导。家长可以通过监督孩子的阅读习惯、选择合适的阅读材料、提供积极的反馈等方式，帮助孩子养成良好的阅读习惯，提高他们的阅读能力和理解能力。

家长参与有助于增强家校合作，提高教育效果。家长与学校之间的紧密合作可以提高教育效果。家长参与教育过程可以增强家长对学校和教师的信任和支持，促进家校之间的沟通和交流。这种合作有助于形成教育合力，为孩子的全面发展提供更有力的支持。

教师与家长之间的沟通与合作有助于促进学生阅读能力的全面提升。教师与家长之间的良好沟通和合作可以促进双方共同关注孩子的阅读发展。教师可以将专业的阅读教育理念和方法传授给家长，家长也可以将孩子在家庭中的表现反馈给教师。双方共同探讨如何提高孩子的阅读能力，从而促进孩子全面、均衡发展。

第三节　初中语文阅读教学教师教学质量评估与反馈机制建立

一、教学质量评估内容

教学质量评估内容主要包括以下几个方面。

（一）教学目标达成度

教学目标达成度是评估教师教学质量的重要指标之一，它涉及教师是否能够根据课程标准和学生实际水平制定明确、具体、可衡量的教学目标，并在教学过程中有效地实施和达成这些目标。

1.教师是否根据课程标准和学生实际水平制定教学目标

教学目标的制定是教师教学工作的重要组成部分，它需要根据课程标准和学生实际水平来确定。教师在制定教学目标时，需要考虑学生的年龄、认知水平、兴趣爱好和学科特点等因素，以确保教学目标既符合课程标准的要求，又具有针对性和可操作性。同时，教师需要明确每个教学单元或章节的教学目标，以便在教学过程中有明确的方向和目标导向。

2.教学目标是否明确、具体、可衡量

明确、具体、可衡量的教学目标有助于教师更好地了解学生的学习情况，及时调整教学策略和方法，确保教学效果的达成。同时，这些目标也可以作为评价学生学习成果的重要依据。因此，教师在制定教学目标时，需要确保它们具有明确的表述、具体的要求和可衡量的指标，以便更好地评估教学效果。

3.教学目标是否在教学过程中得到有效实施

教师在教学过程中需要关注教学目标的实施情况，以确保它们能够得到有效达成。这包括对教学内容的讲解、教学活动的组织、教学评价的反馈等方面的关注。教师需要确保教学内容与教学目标的关联性，注重学生的参与和互动，以及关注学生的学习反馈和表现。如果在教学过程中发现教学目标无法达成，教师需要及时调整教学策略和方法，以确保教学目标的有效实施。

4.教学目标是否符合学生的认知水平和兴趣爱好

学生的学习兴趣和认知水平是影响教学目标达成度的关键因素之一。教师需要关注学生的兴趣爱好和认知特点，制定符合学生实际水平的教学目标。这有助于激发学生的学习兴趣和积极性，提高他们的学习效果和自信心。同时，教师还需要关注学生的个体差异，根据学生的不同需求和特点制定个性化的教学策略和方法，以满足不同学生的学习需求。

（二）教学内容组织

1.教师是否合理安排教学内容，是否符合教学大纲和课程要求

教师教学内容组织的首要考虑因素是教学内容的合理安排。这包括教师是否严格按照教学大纲和课程要求，将教学任务和目标划分为不同的单元或章节，

并在教学过程中适时安排重点和难点，帮助学生逐步掌握知识和技能。此外，教师还应关注教学内容与实际应用的结合，将理论知识与实际案例相结合，使学生更好地理解和应用所学知识。

2.教学内容是否具有科学性和针对性，是否符合学生的认知水平和兴趣爱好

教学内容的科学性和针对性也是评估教师教学内容组织的重要方面。教师需要考虑到学生的认知水平和兴趣爱好，选择适合学生的教学内容和方法，以激发学生的学习兴趣和积极性。同时，教师还需要注重教学内容的内在联系和逻辑结构，使学生能够形成系统的知识体系，更好地理解和应用所学知识。

3.教师是否注重知识的内在联系和逻辑结构，是否有助于学生形成系统的知识体系

教师还需要注重教学内容的内在联系和逻辑结构，使学生能够将所学知识系统化和结构化。教师可以通过组织主题单元、设计系列问题和案例等方式，帮助学生构建知识体系，使学生能够将所学知识相互联系起来，形成更加完整和深入的理解。

通过观察教师的教学过程、学生的反馈和成果，可以对教师教学内容组织进行评估。具体而言，可以从以下几个方面进行观察。

（1）教师是否能够清晰地讲解教学内容，使学生能够理解并掌握相关知识。

（2）学生是否能够积极参与教学过程，并表现出对所学知识的兴趣和积极性。

（3）学生是否能够将所学知识应用于实际生活中，并表现出良好的应用能力和创新能力。

（4）教师是否能够及时调整教学内容和方法，以适应学生的学习需求和进度。

（5）学生的反馈和成果是否能够反映出教师教学内容组织的合理性和科学性。

（三）教学方法运用

1.教师是否灵活运用多种教学方法，并有助于激发学生的兴趣和积极性

教师在教学过程中，应该根据教学内容和学生的实际情况，灵活运用多种

教学方法，如讲授、讨论、演示、实验等。通过不同的教学方法，教师可以激发学生的学习兴趣和积极性，提高学生的学习效果。例如，对于一些理论性较强的知识点，教师可以采用讲授法进行讲解；对于一些需要实践操作的内容，教师可以组织学生进行实验操作，提高学生的动手能力。

2.教师是否注重学生的个体差异，并根据学生的表现和反馈及时调整教学方法

每个学生的学习能力和兴趣爱好都是不同的，教师在教学过程中应该注重学生的个体差异，根据学生的表现和反馈及时调整教学方法。例如，对于一些学习困难的学生，教师可以采用更加直观、生动的教学方法，帮助他们更好地理解和掌握知识；对于一些学习兴趣不高的学生，教师可以调整教学内容和方式，激发他们的学习兴趣。

3.教师是否注重培养学生的创新能力和实践能力，并有助于提高学生的综合素质

教师在教学过程中应该注重培养学生的创新能力和实践能力，这不仅有助于提高学生的综合素质，也有助于学生在未来的学习和工作中更好地适应社会需求。例如，教师可以组织学生进行小组讨论、案例分析、项目实践等活动，鼓励学生发挥自己的想象力和创造力，培养他们的团队协作能力和解决问题的能力。

（四）教学评价

教学评价是评估教师教学质量的重要手段，它涉及教师对学生的评价过程、学生的反馈和成果等多个方面。通过观察和评估教师对学生的评价过程，可以了解教师是否能够正确地评价学生的表现和成果，并及时给予反馈和指导，同时尊重学生的意见和建议，促进学生的进步。此外，还可以考虑以下几个方面。

1.教师是否科学合理地评价学生的表现和成果

教师对学生的评价应该科学合理，既注重结果评价，也注重过程评价。教师需要认真观察学生的表现，及时给予反馈和指导，并针对学生的不同特点采取不同的评价方式。同时，教师还需要注重学生的成果，通过作业、考试等方式来评估学生的掌握程度和学习能力。

2.教师是否注重过程评价和结果评价的结合

过程评价和结果评价是教学评价的两个重要方面。教师需要将两者结合起来，根据学生的表现和反馈及时调整教学策略。在教学过程中，教师需要注重培养学生的自主学习能力、合作学习能力、探究能力等，让学生通过自己的努力和实践来获得知识和技能。同时，教师还需要关注学生的成果，通过作业、考试等方式来评估学生的掌握程度和学习效果。

3.教师是否尊重学生的意见和建议

教师需要尊重学生的意见和建议，积极倾听学生的声音并做出相应的调整。学生是学习的主体，他们的意见和建议反映了他们对知识的需求和理解程度。教师需要关注学生的反馈，认真听取他们的意见和建议，并及时调整自己的教学方式和方法，以满足学生的学习需求。

二、反馈机制建立与实施

反馈机制是教学管理中的重要一环，建立和实施反馈机制有助于提高教学质量和促进教师专业发展。具体来说，反馈机制包括以下几个方面。

（一）定期反馈

1.制定合理的评估周期

学校应该制定合理的评估周期，如每学期或每学年进行一次教学评估。评估周期的设定应根据学校的教学目标和实际情况来决定，以确保评估的客观性和公正性。评估内容包括学生的学业成绩、课堂表现、学生反馈等，这样可以全面了解教师的教学质量。

2.及时反馈评估结果

学校应该及时向教师反馈评估结果，并提供针对性的教学改进建议。这可以帮助教师了解自己的教学情况，发现问题并及时调整教学方法和策略。此外，学校还应该为教师提供改善教学的支持和资源，如培训、进修、学习材料等，以确保教师能够不断提高自己的教学水平。

3.建立良好的教学团队

学校应该鼓励教师之间互相交流和分享教学经验，建立良好的教学团队。

通过教师之间的合作和沟通，可以增强教师之间的凝聚力，提高教师的职业认同感和归属感。此外，教师之间的合作和交流也有助于提高教师的教学质量和水平，因为不同的教师可能有不同的教学方法和策略，互相交流和学习可以相互借鉴、取长补短。

4.建立有效的评估机制

学校应该制定详细的教学评估标准和指标，以确保评估的客观性和公正性。此外，学校还应该建立完善的评估数据收集和分析系统，以便能够及时获取准确的教学数据并进行分析。

5.加强与教师的沟通

学校应该积极与教师沟通，了解教师的教学情况并听取他们的意见和建议。学校可以通过定期组织教学研讨会、反馈会议等方式与教师进行交流和讨论，以帮助他们了解自己的教学表现和改进空间。

6.促进教师之间的合作

学校可以组织教师团队建设活动，如教学研讨会、交流会等，以促进教师之间的合作和沟通。这些活动可以增强教师之间的凝聚力，并促进他们共同探讨教学方法和策略。

（二）奖励优秀教师和鼓励教师不断提升专业素养

奖励优秀教师和鼓励教师不断提升专业素养是提高教学质量和促进教师职业发展的重要举措。以下是针对这一话题的详细论述。

1.奖励优秀教师

表彰和奖励是对教师工作的一种肯定和鼓励，可以激发教师的教学积极性和创新精神。通过表彰和奖励，教师可以感受到学校对他们的认可和重视，从而更加投入教学工作，不断提高自己的教学水平。

学校应该设立相应的奖励机制，对在教学工作中表现优秀的教师给予适当的奖励，如奖金、晋升机会、荣誉证书等。这种奖励机制不仅可以激励教师的工作热情，还可以增强教师的职业荣誉感和成就感，从而更加专注于教学工作，不断提高自己的专业素养。

学校还可以通过公开表彰和宣传优秀教师的教学成果，树立榜样，激励其他教师向优秀教师学习，形成良好的教学氛围。

2.鼓励教师不断提升专业素养

提供培训和进修机会是促进教师专业发展的有效途径。学校应该为教师提供各种培训和进修机会，如组织专业培训、研讨会、学术交流等活动，帮助教师了解最新的教育理念和教学方法，提高教师的专业水平。

合作共享资源也是促进教师专业发展的重要途径。学校可以与其他学校或教育机构建立合作关系，共享教学资源，如课程资源、教学软件、教学案例等，促进教师的专业发展。

教师自身也应该有意识地不断提升自己的专业素养。这包括不断学习新的教育理念和教学方法，关注教育领域的最新研究成果和发展趋势，积极参加各种专业培训和学术交流活动等。

学校还可以设立一些奖项，如优秀教案奖、优秀课件奖等，激励教师不断创新和提升自己的教学水平。这些奖项不仅是对教师工作的肯定和鼓励，也可以激发教师的教学热情和创新精神。

第十章　家校合作下的初中语文阅读教学创新

第一节　家校合作的意义和价值

一、家校合作的概念

家校合作是指学校与家庭之间通过各种方式进行互动和沟通，共同促进学生在学校和家庭环境中的全面发展。在家校合作中，学校和家庭共同承担教育学生的责任，相互支持和协作，以提高教育效果和质量。

二、家校合作的重要性

（一）增强教育效果

家校合作可以增强学校和家庭之间的教育合力，形成教育的一致性和连贯性，从而更好地促进学生的全面发展。通过家校合作，学校和家庭可以共同关注学生的成长，及时了解学生的学习情况和心理动态，从而更好地制定教育策略，帮助学生更好地成长。此外，家校合作还可以加强学校和家庭之间的沟通，及时反馈学生的学习情况和教育问题，共同解决学生在学习和生活中遇到的问题，从而更好地提高教育效果。

（二）促进学生发展

家校合作可以更好地了解学生的个性特点和兴趣爱好，提供更符合学生实际需求的教育和指导，促进学生个性和潜能的发展。通过家校合作，家长和教师可以更加深入地了解学生的成长环境和个性特点，从而制定更加符合学生实际情况的教育策略。此外，家校合作还可以让学生更加了解自己的优点和不足，增强自信心和自我认知能力，从而更好地发挥自己的潜能，实现自我价值。

（三）增强家长参与感

家校合作可以让家长更多地参与学生的教育过程，增强家长的责任感和参与感，促进家长与学校的沟通和合作。通过家校合作，家长可以更加深入地了解学校的教育理念和教育方式，从而更好地支持学校的教育工作。同时，家长也可以向学校提供学生家庭情况和个性特点等信息，以使学校更好地关注学生的个体差异，制定更加个性化、针对性的教育策略。这种参与感不仅增强了家长与学校的互动和沟通，也有助于形成家庭和学校之间的教育合力。

（四）提高教师专业素养

家校合作可以促使教师不断学习和提高自身专业素养，更好地适应教育改革和教育发展的需要。在家庭和学校之间的合作中，教师需要更加深入地了解学生的个性特点和家庭教育背景，以便更好地开展教育工作。同时，教师也需要不断提高自己的教育教学能力、沟通能力、组织能力和管理能力等，以适应教育改革和教育发展的需要。这种不断提高自身的专业素养的需求和机会，有助于提高教师的教育教学水平和专业素养。

三、家校合作对教育的影响

（一）提高学生综合素质

家校合作可以促进学生在知识、技能、情感、态度、价值观等方面的全面发展，提高学生的综合素质。通过家校合作，学校和家庭可以共同关注学生的成长，为学生提供更加全面和个性化的教育，帮助学生更好地适应社会和未来发展的需要。

（二）促进教育公平

家校合作可以缩小城乡之间、贫富之间教育差距，促进教育公平。通过家校合作，学校可以更好地了解学生的家庭背景和教育资源，从而更好地为不同层次的学生提供有针对性的教育服务，缩小教育差距，实现教育公平。

（三）提升教育质量

家校合作可以提高学校和家庭之间的教育合力，形成教育合力，从而提高教育质量。学校和家庭应该相互支持和配合，共同关注学生的成长，为学生提供更加全面和个性化的教育，促进学生的全面发展，从而提升教育质量。

（四）促进社会和谐发展

家校合作可以增强家庭、学校、社区之间的联系和互动，促进社会和谐发展。通过家校合作，学校可以更好地了解社区的需求和期望，从而更好地为社区提供教育服务，促进社区的发展和繁荣。同时，家庭和学校之间的互动也可以增强家庭之间的联系和交流，促进家庭之间的和谐发展。综上所述，家校合作对于提高教育质量、促进教育公平、增强社会和谐发展等方面都具有重要的意义。因此，我们应该积极推动家校合作的发展，为学生的成长和社会的发展做出更大的贡献。

第二节　家校合作下初中语文阅读教学方法

一、初中语文阅读的教学目标

初中语文阅读的教学目标主要是培养学生的阅读兴趣，提高阅读理解能力，拓宽知识面，培养良好的阅读习惯。通过阅读，学生可以更好地理解文章内容，提高语言表达能力，增强文化素养，为未来的学习和工作打下坚实的基础。

二、家校合作下的初中语文阅读教学方法

（一）讨论教学法

讨论教学法是一种非常有效的教学方法，它能够让学生在课堂上围绕阅读文章展开讨论，引导学生发表自己的见解，从而提高学生的阅读理解能力和口头表达能力。这种方法能够让学生在互动中互相学习，互相启发，有利于培养学生的思考能力和表达能力。具体实施步骤如下。

1.选定阅读文章

教师需要选择适合学生阅读水平的文章。这个过程需要考虑学生的年龄、兴趣、知识水平等因素，确保文章内容既能够引起学生的兴趣，又能够提供足够的阅读挑战。在选择文章后，教师还需要提前将文章内容介绍给学生，以便

学生有足够的时间进行预习和准备。这一步是非常重要的，因为它能够帮助学生更好地理解文章内容，为后续的讨论做好准备。

2.分组讨论

教师可以将学生分成若干小组，每个小组的学生可以围绕文章展开讨论。在讨论过程中，学生可以发表自己的见解，互相交流和讨论。分组讨论能够鼓励学生积极参与，激发他们的思考能力和表达能力。同时，这种互动方式还能够让学生在互相学习中互相启发，培养他们的团队合作能力。教师在这个过程中需要扮演引导者的角色，确保讨论围绕文章内容展开，并适时给予指导和点评。

3.引导和点评

教师需要对学生的讨论进行引导和点评。教师的点评和指导能够帮助学生对文章内容有更深入的理解，提高他们的阅读理解能力。同时，教师还可以对学生的口头表达能力进行训练和提高。讨论教学法的好处在于，它能够让学生在互动中互相学习、互相启发，有利于培养学生的思考能力和表达能力。此外，这种方法还能够激发学生的学习兴趣和积极性，提高学生的阅读兴趣和阅读能力。

在讨论过程中，教师需要注意以下几点。

（1）确保讨论的氛围轻松、开放，鼓励学生发表自己的见解，尊重每个人的观点。

（2）引导学生围绕文章内容展开讨论，避免偏离主题。

（3）适时给予指导和点评，帮助学生更好地理解文章内容，提高他们的阅读理解能力。

（4）鼓励学生在讨论中互相倾听、互相尊重，培养他们的团队合作意识和沟通能力。

（二）合作学法

合作学法是一种非常有效的学习方法，它能够让学生以小组为单位进行阅读学习，让学生互相帮助、互相学习，共同提高阅读水平。这种方法能够让学生在小组内互相交流、互相学习、互相借鉴，有利于提高学生的阅读水平和阅读兴趣。

具体实施步骤如下。

分组是合作学法的基础，教师需要将学生按照不同的阅读水平进行分组，以便学生在小组内能够互相帮助和学习。这样可以让学生在小组内共同完成阅读任务，互相交流阅读经验和阅读方法，共同提高阅读水平。

阅读任务分配是合作学法的关键，教师需要为学生分配阅读任务，包括阅读文章、回答问题、总结文章大意等。同时，教师还需要为学生提供必要的阅读材料和参考资料，以便学生能够更好地理解阅读内容。这样可以让学生在阅读任务中得到充分的锻炼和提升。

小组合作是合作学法的核心，学生在小组内可以互相帮助、互相学习、互相交流，共同完成阅读任务。这种学习方式不仅可以提高学生的阅读水平，还可以培养学生的团队合作精神和沟通能力。学生在小组内分享自己的阅读经验和阅读方法，可以帮助他们更好地认识自己的阅读水平和阅读方法，同时也可以激励他们更好地进行阅读学习和提高。

评价和反馈是合作学法的重要环节，教师需要对学生的合作过程和合作成果进行评价和反馈，帮助学生更好地认识自己的阅读水平和阅读方法。评价和反馈不仅可以激励学生更好地进行阅读学习，还可以及时发现学生在阅读过程中存在的问题，并加以纠正和指导。

合作学法的优点在于，它能够让学生在小组内互相帮助、互相学习、互相交流，有利于提高学生的阅读水平和阅读兴趣。同时，这种方法还能够培养学生的团队合作精神和沟通能力。

（三）课外活动

课外活动是一种非常有效的拓展教学方法，它能够激发学生的阅读兴趣，提高学生的阅读水平。教师可以组织各种形式的课外活动，如读书会、朗诵比赛、写作比赛等，激发学生的阅读热情和积极性。具体实施步骤如下。

1.确定活动主题

确定活动主题对于教师来说非常重要，因为只有确定了活动主题，才能更好地组织学生参加活动。在确定活动主题时，教师需要考虑学生的兴趣和爱好，选择适合学生的活动类型。例如，如果学生喜欢阅读，那么可以选择读书会作为活动主题；如果学生喜欢朗诵，那么可以选择朗诵比赛作为活动主题；如果学生喜欢写作，那么可以选择写作比赛作为活动主题。

2.组织活动

组织活动是教师的重要职责之一。在组织活动时，教师需要考虑活动的地点、时间、人员等细节。教师需要提前安排好活动的地点，确保场地安全、舒适、适合活动进行。同时，教师还需要安排好活动的时间，确保学生能够按时参加活动。此外，教师还需要提前通知学生参加活动的时间和地点，并为学生提供必要的参考资料和指导。

在组织活动的过程中，教师还需要注意以下几点。

确保活动的顺利进行：教师需要提前做好活动的准备工作，包括安排好活动流程、准备必要的资料和器材等。在活动进行中，教师需要确保活动的顺利进行。

给予学生充分的支持：教师需要给予学生充分的支持和帮助，包括为学生提供必要的参考资料和指导，鼓励学生积极参与活动。

做好活动的评估和反馈：在活动结束后，教师需要对活动进行评估和反馈，包括学生的参与度、表现情况等。同时，教师还可以根据学生的表现情况给予相应的奖励和鼓励。

3.评价和反馈

评价和反馈是组织活动的关键环节之一。教师需要对活动的整体表现进行评价和反馈，包括学生的参与度、表现情况等。教师需要认真听取学生的反馈意见和建议，并根据学生的表现情况给予相应的奖励和鼓励。此外，教师还需要总结经验教训，不断改进和优化活动方案，以提高活动的质量和效果。

三、成功案例和经验

（一）教师与家长保持密切沟通

1.关注孩子的阅读情况

教师和家长共同关注孩子的阅读情况，能够及时发现孩子在阅读中存在的问题，如阅读兴趣不高、阅读习惯不良等。

2.及时解决问题

通过密切沟通，教师和家长可以共同采取相应的措施，如提供适合孩子阅读的材料、培养良好的阅读习惯等，以促进孩子的阅读发展。

3.创造良好的环境

在沟通的过程中，教师和家长应该共同为孩子的阅读发展创造良好的环境。这包括提供适合孩子阅读的场所、营造良好的阅读氛围等，让孩子在轻松愉悦的环境中享受阅读。

4.开放的态度

教师和家长在沟通时应该保持开放的态度，尊重彼此的观点和意见，共同探讨如何促进孩子的阅读发展。

5.尊重彼此

教师和家长应该尊重彼此的角色和职责，理解各自在孩子教育中的角色和责任，共同为孩子的成长和发展努力。

6.合作的精神

教师和家长应该建立合作关系，共同为孩子的阅读发展提供支持和帮助。在沟通的过程中，双方应该积极合作，共同解决问题，为孩子的成长创造更好的条件。

7.反馈与交流

教师和家长应该定期进行反馈和交流，分享孩子在阅读方面的进步和问题，以便双方更好地了解孩子的情况，及时调整教育策略。

8.培养阅读兴趣

通过密切沟通，教师可以向家长推荐适合孩子阅读的书籍和网站，引导孩子接触不同类型的书籍，激发他们的阅读兴趣。同时，家长也可以在家庭中营造良好的阅读氛围，鼓励孩子多读书、读好书。

（二）制订合理的阅读计划

1.了解孩子的阅读兴趣和需求

在制订阅读计划之前，家长和教师需要了解孩子的阅读兴趣和需求，根据孩子的兴趣和需要选择合适的阅读材料。这可以通过与孩子沟通、观察孩子的阅读习惯、询问孩子的意见等方式来实现。

2.制定明确的阅读目标

阅读计划应该有一个明确的目标，包括提高阅读能力、扩大知识面、培养阅读习惯等。目标应该具体、明确，并且具有可衡量性，以使家长和教师能够跟踪计划的进展情况。

3.合理安排阅读时间

合理的阅读时间安排是保证孩子能够充分享受阅读的乐趣，并从中获得知识和成长的关键。家长和教师可以根据孩子的实际情况制定合理的阅读时间，确保孩子有足够的时间进行阅读。

4.安排合适的阅读方式

阅读方式包括纸质书籍、电子书、有声读物等。家长和教师需要根据孩子的年龄、兴趣和阅读能力选择合适的阅读方式，以使孩子能够更好地理解和享受阅读内容。

5.制订定阅读计划表

为了更好地跟踪孩子的阅读进度和进展情况，家长和教师可以制定一个阅读计划表，将每天或每周的阅读内容、时间、方式等记录下来。这样可以方便家长和教师随时查看和调整计划。

6.监督和引导孩子阅读

在孩子阅读过程中，家长和教师可以监督和引导孩子，确保孩子能够按照计划进行阅读，并且帮助孩子解决阅读中的问题。此外，家长和教师还可以与孩子一起讨论阅读的书籍和内容，以加深孩子的理解和认识。

7.定期评估和调整计划

定期评估孩子的阅读计划进展情况，并根据实际情况进行调整是非常重要的。家长和教师可以根据孩子的反馈、阅读表现、阅读能力等方面的变化来调整计划，以确保计划能够更好地满足孩子的需求和期望。

（三）鼓励孩子多读书

1.丰富内心世界

通过阅读，孩子可以接触到不同的故事、人物、思想和文化，从而丰富自己的内心世界。他们可以在故事中找到共鸣，体验不同的情感和经历，这对于他们的情感发展、思考问题的方式以及价值观的形成都有积极的影响。

2.提高语言表达能力

阅读是提高语言表达能力的重要途径。通过阅读，孩子可以学习到不同的表达方式、修辞手法和文学技巧，从而增强他们的写作能力和口语表达能力。

3.培养阅读习惯

阅读是一种良好的习惯，可以帮助孩子养成良好的学习习惯和自我管理的能力。通过阅读，孩子可以学会如何处理信息、如何自主思考、如何与他人交流等，这些能力对于他们未来的学习和生活都是非常重要的。

4.拓宽知识面

读书可以扩大孩子的知识面，让他们了解更多的历史、文化、科学等方面的知识。这有助于他们更好地理解世界，提高自己的综合素质和竞争力。

5.增强自信心

阅读可以让孩子感受到自己的成长和进步。当他们通过阅读获得新知识、新技能时，他们会感到自信和自豪。这种自信心对于他们的成长和发展非常重要。

6.培养阅读兴趣

家长可以通过选择适合孩子年龄和兴趣的书籍，激发他们的阅读兴趣。同时，家长也可以通过陪伴孩子阅读、分享阅读心得等方式，培养他们的阅读习惯和兴趣。

7.提供必要的支持和帮助

家长可以为孩子提供必要的支持和帮助，如提供书目、推荐阅读网站、购买书籍等。同时，家长也可以鼓励孩子参加阅读俱乐部、读书会等活动，与其他孩子一起交流和分享阅读的乐趣。

（四）给予适当的奖励

奖励对于表现优秀的孩子和家长具有积极的影响，可以激励他们继续努力，增强他们的阅读兴趣和动力，同时还可以增强家长和孩子之间的互动和情感联系。

1.增强孩子的阅读兴趣和动力

适当的奖励可以作为一种正面的强化手段，激励孩子更深入地阅读，从而提高他们的阅读兴趣和动力。例如，如果孩子表现优秀，奖励他们一些喜欢的书籍或电子阅读器，可以帮助他们更加积极地阅读。此外，一些精心设计的奖状也可以激发孩子的荣誉感和阅读动力。

2.增强家长和孩子之间的互动和情感联系

奖励不仅是对孩子表现的认可，也是家长和孩子之间互动的机会。通过赠送书籍、提供亲子共读时间等奖励形式，家长可以和孩子一起享受阅读的乐趣，增进彼此之间的情感联系。这种互动不仅有助于增强亲子关系，还可以培养孩子的阅读习惯和兴趣。

3.激励孩子继续努力

适当的奖励可以作为一种积极的反馈，激励孩子继续努力，提高他们的阅读能力和水平。当孩子知道他们的努力得到了认可和奖励时，他们会更有动力去追求更好的表现。这种积极的反馈机制可以帮助孩子建立自信心，激发他们的学习热情。

4.培养孩子的成就感和自我价值感

奖励可以帮助孩子意识到自己的努力和成就得到了认可和赞赏，从而培养他们的成就感和自我价值感。这种积极的情感体验有助于增强孩子的自尊心和自信心，有助于他们在其他方面也取得成功。

5.促进家庭和谐与亲子关系

给予孩子适当的奖励还可以促进家庭和谐与亲子关系。当家长和孩子一起庆祝孩子的成就时，家庭成员之间的互动更加融洽，关系更加亲密。这种积极的家庭氛围有助于培养孩子的幸福感和安全感。

第三节　家校合作下的初中语文教师的角色与挑战

一、初中语文教师在家校合作中的角色

在初中教育中，语文教师扮演着重要的角色。除了教授学生语文知识外，他们还承担着家校沟通的重要职责。在语文课堂上，教师需要引导学生理解家庭的重要性，并培养他们与家长的良好沟通技巧。此外，语文教师还应积极参与到学生的课外活动中，与学生家长保持密切联系，共同关注学生的成长。

二、教师在家校合作中面临的挑战

（一）沟通技巧

初中语文教师在与家长沟通时，掌握一定的沟通技巧至关重要。以下是一些建议：

表述学生的问题时，应该清晰、简洁地说明问题，并尽量避免使用负面词汇，以免让家长感到焦虑。

提出建设性的意见时，应该充分了解学生的情况，提供有针对性的建议。同时，应该注意措辞，避免指责或批评家长。

处理不同的意见时，应该保持冷静，尊重家长的观点，并尝试寻找双方的共同点，以达成共识。

此外，初中语文教师还可以通过以下方式提高沟通技巧。

（1）定期参加沟通技巧培训，学习如何倾听、表达、反馈等技巧。

（2）尝试使用电话、短信、微信等不同方式与家长沟通，以适应不同家长的需求和偏好。

（3）建立良好的师生关系，让学生成为家长与教师之间的桥梁，有助于更好地了解学生的情况。

（二）时间管理

教师的工作繁忙，需要处理各种教学任务和班级事务。在家校合作中，教师需要花费额外的时间与家长沟通，这无疑增加了教师的时间压力。因此，教师需要学会有效的时间管理技巧，合理安排时间，以确保能够有效地与家长沟通。以下是一些建议。

（1）制订详细的工作计划，合理安排与家长沟通的时间。可以将与家长沟通的时间纳入工作日程中，确保不会影响其他教学任务。

（2）利用碎片时间与家长沟通，如课前课后、午休时间等。这些时间相对灵活，可以充分利用。

（3）与家长建立良好的合作关系，寻求家长的配合和支持，如安排固定的沟通时间、鼓励家长及时反馈学生的情况等。

（4）避免在繁忙的时间段（如上课时间、考试前等）与家长沟通，以免影响教学进度和质量。

（5）通过有效的时间管理技巧，教师可以更好地应对与家长沟通的需求，减轻时间压力。

（三）角色定位

在传统的教育观念中，教师往往被视为权威的代表。然而在家校合作中，教师需要转变角色，成为家长和学生之间的桥梁。这种角色转换需要教师具备一定的能力，以确保能够有效地与家长沟通和合作。以下是一些建议。

（1）尊重和理解家长，建立良好的合作关系。在与家长沟通时，应该尊重家长的意见和看法，共同商讨解决问题的方法。

（2）积极主动地与家长沟通学生的情况，提供有针对性的建议和支持。教师需要充分了解学生的情况，以便为家长提供有价值的建议和支持。

（3）倾听家长的意见和建议，尊重家长的决策权。在与家长沟通时，应该尊重家长的意见和建议，并尝试寻找双方的共同点，以达成共识。

（4）保持专业和客观的态度，避免在家长面前过度评价学生或批评家长。教师应该保持专业和客观的态度，以建立良好的信任关系。

（5）通过转变角色，初中语文教师能够更好地与家长沟通和合作，促进家校之间的互动和合作，共同促进学生的全面发展。

三、应对挑战，提高自身素质和能力

（一）提升沟通技巧

1.参加培训和研讨会

教师可以通过参加各类培训和研讨会，学习到有效的沟通技巧和方法。这些培训通常会涉及沟通的理论知识和实践经验，可以帮助教师更好地理解沟通的本质和技巧。

2.阅读相关书籍和案例

教师可以通过阅读相关书籍和案例，积累经验，提高沟通水平。这些书籍和案例通常会涉及各种沟通情境和技巧，可以帮助教师更好地了解不同情况下如何进行有效沟通。

3.使用简单易懂的语言

在与家长交流时，教师应尽量使用简单易懂的语言，避免使用过于专业或复杂的术语。这样可以降低家长的理解难度，提高沟通效率。

4.倾听家长的意见和看法

在与家长交流时，教师应尊重家长的意见和看法，并认真倾听他们的观点。这样可以建立良好的沟通关系，让家长感受到教师的尊重和理解。

5.建立良好的沟通氛围

在交流过程中，教师应营造一个轻松、愉快的氛围，让家长感到舒适和放松。这样可以提高家长的参与度和沟通效果。

6.关注非语言信号

在交流过程中，教师的非语言信号也会影响沟通效果。教师应保持微笑、眼神交流、身体语言等积极的非语言信号，以表达自己的友好和尊重。

7.善于总结和反思

在沟通结束后，教师应及时总结和反思自己的表现，发现不足之处并加以改进。这样可以不断提高自己的沟通水平。

（二）合理安排时间

合理安排时间对于教师来说至关重要，因为教师需要平衡自己的工作任务、个人生活和家庭责任。为了更好地与家长沟通，教师需要合理规划自己的时间，并寻求学校和相关部门的支持。

1.规划时间

优先级排序：将与家长沟通作为工作的一部分，而不是额外的工作负担。教师需要明确哪些任务优先级最高，哪些任务可以稍后处理。

设定固定时间：为与家长沟通设定一个固定的时间段，例如每周一次的固定时间。这样可以确保教师有足够的时间来处理与家长沟通的相关事宜。

避免干扰：在规划的时间内，尽量避免其他干扰，如电话、邮件等。确保在与家长沟通时能够全神贯注。

2.学校支持

安排专门时间：学校可以安排专门的时间与家长沟通，例如每周一次的家长会或定期的电话会议。这样可以确保教师有足够的时间与家长进行深入的交流。

提供工具和资源：学校可以为教师提供适当的工具和资源，如电子邮件系统、在线通信工具等，以便更方便地与家长进行沟通。

培训和支持：学校可以为教师提供培训和支持，以确保他们能够有效地与家长沟通，并提供必要的支持和反馈。

3.利用现代技术

电话和短信：电话和短信是最常见的与家长沟通的方式之一。教师可以通过电话或短信快速、简洁地传达重要信息或请求家长协助。

微信等社交媒体平台：许多家长会使用社交媒体平台来获取信息或参与学校活动。教师可以使用这些平台来发布学校新闻、活动信息和相关链接，以便家长能够轻松获取信息并与教师保持联系。

利用其他应用程序：随着科技的发展，越来越多的应用程序可用于与家长进行互动和沟通。教师可以选择适合自己和家长的沟通方式，以便更高效地与家长进行交流。

4.高效沟通技巧

明确沟通目的：在与家长沟通之前，教师需要明确沟通的目的和所需的信息，以便有针对性地交流。

简明扼要：在与家长沟通时，教师需要尽可能简明扼要地传达信息，避免过多的细节或无关紧要的信息。

倾听和反馈：教师应该倾听家长的意见和建议，并给予适当的反馈。这有助于建立良好的沟通和合作关系。

定期跟进：在与家长沟通过程中，教师需要定期跟进重要事项和进展，以确保双方都满意并达成共识。

（三）角色转换

在家庭教育中，教师扮演着重要的角色。他们不仅是知识的传递者，更是家长和孩子之间的桥梁，帮助他们建立良好的沟通和合作关系。教师需要认识到自己在家庭教育中扮演的角色是桥梁而非权威，这意味着他们应该尊重家长的意见和看法，同时也要表达自己的观点和建议。

1.尊重与交流

在与家长交流时，教师应尊重家长的意见和看法，理解他们的立场和需求。教师需要倾听家长的反馈，尊重他们的观点，并给予适当的回应。同时，教师也应该表达自己的观点和建议，以使家长更好地了解孩子的状况和需要。这样的交流方式有助于建立信任和合作关系，促进家长和教师之间的互动。

2.桥梁的角色

教师应该成为家长和孩子之间的桥梁，帮助他们建立良好的沟通和合作关系。教师需要了解每个孩子的家庭背景、教育背景和个性特点，以便更好地与家长沟通。他们应该积极地向家长反馈孩子在学校的表现和进步，同时也需要听取家长的反馈和建议，以便更好地支持孩子的发展。通过桥梁的角色，教师能够帮助家长和孩子建立共同的目标和行动计划，促进家庭教育的顺利进行。

3.平等与尊重的态度

在交流过程中，教师应该以平等、尊重的态度与家长交流，避免使用过于强硬或指责的语气。教师应该认识到每个家庭都有其独特的情况和需求，他们应该尊重这些差异，并采取适当的沟通方式。教师应该以积极的态度倾听家长的反馈，给予适当的回应和支持，同时也要尊重他们的决定和选择。这样的态度有助于建立信任和合作关系，促进家庭教育的顺利进行。

（四）增强自身素质

提升自身素质是每位教师的必修课，除了沟通技巧和时间管理外，教师还应该注重自身素质的提升。以下是一些具体的建议。

1.阅读相关书籍和参加培训

阅读教育类书籍可以帮助教师更新教育理念，掌握新的教学方法。参加专业培训可以获得最新的教育理论和研究成果，提高自己的教学水平。这些培训和阅读可以帮助教师更好地为学生的教育提供支持。

2.更新知识体系

教育是一个不断发展的领域，教师需要不断更新自己的知识体系，了解最新的教育理论和研究成果。这可以帮助教师更好地适应教育环境的变化，为学生提供更好的教育环境。

3.注重心理健康和职业发展

教师的工作压力很大，因此保持积极的心态和良好的职业素养非常重要。教师需要关注自己的心理健康，避免过度疲劳和焦虑。同时，教师也需要为自己的职业发展做出规划，包括提升自己的专业技能、进修学习、参加学术会议等，以保持职业竞争力。

4.反思和总结经验

反思和总结经验是教师职业发展的重要环节。通过不断地反思自己的教学实践，教师能够发现自己的不足之处，并采取相应的措施加以改进。反思可以帮助教师更好地理解自己的教学方法和策略，发现其中的问题，并寻求更好的解决方案。教师可以通过观察、分析、评估自己的教学过程，总结经验教训，找出成功和失败的原因，以便在未来的教学中更好地应对各种情况。此外，反思还可以帮助教师不断提高自己的专业素养和教学能力，不断追求卓越。通过反思和总结经验，教师能够更好地应对教育改革和教育发展的挑战，为学生的成长和发展做出更大的贡献。因此，教师应该积极地进行反思和总结经验，不断提高自己的教学水平，为教育事业的发展做出更大的贡献。

5.积极参与学术研究

积极参与学术研究确实是教师职业发展的重要途径。通过发表学术论文和参与课题研究，教师可以拓宽自己的学术视野，提高自己的学术水平，同时也能够提高自己的专业素养和研究能力。发表学术论文可以帮助教师展示自己的研究成果，与同行交流学术观点，同时也能提高自己的知名度。参与课题研究则可以与同行专家一起合作，共同探讨研究问题，提高自己的研究能力和团队协作能力。此外，积极参与学术研究还可以帮助教师了解学科领域的最新研究成果和趋势，从而更好地指导自己的教学工作，提高教学质量。因此，教师应该积极参与到学术研究中，不断学习和成长，以更好地服务于学生的学习和发展。

6.提升个人素养

除了教学技能和专业知识，教师的个人素养也是非常重要的。一个具有良好个人素养的教师能够更好地与学生建立良好的关系，提升学生对学习的热情和兴趣。同时，他们也能更有效地与学生进行沟通，更准确地理解学生的学习需求和困难，从而更好地指导他们。良好的个人素养包括良好的道德品质、沟通能力、领导能力和自我管理能力等。一个有道德品质的教师会以身作则，展示出诚实、公正和尊重他人的行为，这对学生来说是非常重要的榜样。良好的沟通能力可以帮助教师更好地理解学生，与学生建立良好的关系，从而更好地促进学生的学习进步。领导能力可以帮助教师更好地组织和管理课堂，确保教学的顺利进行。自我管理能力则是教师职业发展的重要基础，它包括时间管理、情绪管理、自我反思和自我提升等方面。

四、教师在家校合作中的重要作用和责任

家校合作是促进学生学习和成长的重要方式之一。作为初中语文教师，他们在家校合作中扮演着重要的角色，既是学生的教育者，也是家长和学校之间的桥梁。通过积极参与和努力，初中语文教师能够为学生的成长和发展提供有力支持。

初中语文教师是学生成长过程中的重要指导者和支持者。他们需要关注学生的学业成绩、综合素质发展以及心理健康等方面，为学生提供全面的教育支持。在家庭教育中，语文教师可以通过与家长的沟通交流，了解学生的家庭背景、兴趣爱好和个性特点，从而更好地制定个性化的教育方案。同时，他们还需要关注学生的心理健康，与家长共同关注学生的情感发展，为学生营造一个积极、健康的学习环境。

初中语文教师是家长与学校之间的桥梁。他们需要积极参与到学生的成长过程中，与家长共同关注学生的发展，为学生的未来奠定基础。语文教师可以通过定期与家长沟通交流，了解学生在家庭和学校中的表现和问题，及时向家长反馈学生的学习情况和成长变化。同时，他们还需要向家长传递学校的教育理念和教学计划，帮助家长更好地理解学校的教育方式和方法，加强家长与学校的沟通和合作。

初中语文教师还需要承担起引导家长的责任。在家庭教育中，家长扮演着重要的角色，而语文教师可以通过与家长的沟通交流，引导家长关注学生的综合素质发展，注重培养学生的创新精神、实践能力和团队合作精神。同时，他们还可以为家长提供有益的建议和支持，帮助家长解决家庭教育中的难题和困惑。

参考文献

[1]张学中."双减"环境下初中语文阅读教学的现状及对策[J].西部素质教育,2022,8(15):182-185.

[2]牛芳明.初中语文阅读教学模式创新实践与探索[J].甘肃教育研究,2022(5):52-54.

[3]柳江寿.语文阅读教学模式的构建策略[J].文学教育(下),2022(5):123-125.

[4]董亚玲.初中语文名著阅读教学的创新策略探究——以统编版教材为例[J].国家通用语言文字教学与研究,2022(5):67-69.

[5]麦合比热提·阿不都热依木.基于21世纪核心素养5C模型的初中英语阅读教学设计[J].喀什大学学报,2021,42(4):111-114,120.

[6]虎梅珠.创新理念的部编初中语文记叙性文体阅读教学策略研究[J].科技资讯,2021,19(10):228-230.

[7]滕祖霞."互联网+"背景下初中语文阅读教学路径[J].中国新通信,2021,23(2):184-185.

[8]马骏骙.部编本初中语文教材"1+X"阅读教学的策略创新——以《卖炭翁》和《卖油翁》为例[J].教育导刊,2021(1):66-70.

[9]祝伊.初中语文阅读教学现状及优化策略研究[J].华夏教师,2020(17):61-62.

[10]祁永忠.初中语文阅读教学创新实践探析[J].科技资讯,2020,18(14):166-167.

[11]孙继强.探析新课程改革下初中语文阅读教学的优化策略[J].华夏教师,2020(13):45-46.

[12]虎梅珠.守正创新理念下初中语文阅读教学策略研究[J].科技资讯,2020,18(12):158-159.

[13]杨乐.国际学校初中英语创新性学习方法探讨[J].科技资讯,2020,18(3):94-95.

[14]彭诚,魏振海.农村寄宿制初中学生阅读教学途径创新策略[J].发展,2020(1):82-83.

[15]杜宏晔.对初中语文阅读教学的分析新探[J].中国新通信,2019,21(17):192.

[16]施兆霞.初中语文阅读教学的有效性策略探析[J].才智,2019(25):72.

[17]贾佳.新课改背景下初中语文教学中名著阅读教学策略创新探究[J].农家参谋,2019(17):236.

[18]申延全.初中语文教学中阅读教学的创新策略探析[J].创新创业理论研究与实践,2019,2(15):17-18.

[19]岑礼霞.基于有效教学下的初中语文阅读教学探讨[J].文化创新比较研究,2019,3(22):158-159.

[20]徐燕燕.关于初中语文阅读教学的思考和改革实践[J].南昌教育学院学报,2019,34(3):24-27.

[21]王小伟.创新教法,激活阅读——初中语文阅读教学策略探析[J].华夏教师,2019(11):37-38.

[22]田洁.互动式教学在初中语文阅读教学中的运用[J].西部素质教育,2018,4(14):235.

[23]刘焕丰."少教多学"模式在初中语文阅读教学中的实践[J].长春教育学院学报,2018,34(6):66-67.

[24]陈倩.如何提高初中语文阅读教学的有效性[J].内江科技,2018,39(5):132-133.

[25]黄国鑫.新课改下初中语文阅读教学创新探索[J].科学咨询(科技·管理),2018(5):110-111.